Markus Pohlmeyer

Gelesen, gesehen, geschrieben – Essays, Rezensionen und Poetologisches

Zwischen Welten verstrickt IX

IGEL VERLAG
HAMBURG

Flensburger Studien zu Literatur und Theologie
Band 29

Herausgegeben von Markus Pohlmeyer

Markus Pohlmeyer

Gelesen, gesehen, geschrieben – Essays, Rezensionen und Poetologisches

Zwischen Welten verstrickt IX

Flensburger Studien zu Literatur und Theologie, Band 29

LITERATURWISSENSCHAFT

Centro
Studi
Sara
Valesio

Markus Pohlmeyer
Gelesen, gesehen, geschrieben – Essays, Rezensionen und Poetologisches. Zwischen Welten verstrickt IX,
Flensburger Studien zu Literatur und Theologie, Band 29

1. Auflage 2023
ISBN 978-3-948958-19-0
Covergestaltung: Annelie Lamers
Covermotiv: designed by freepik.com

www.igelverlag.de

IGEL Verlag *Literatur & Wissenschaft* ist ein Imprint
der Bedey & Thoms Media GmbH
Hermannstal 119 k, 22119 Hamburg
Printed in Europe
Die Deutsche Bibliothek verzeichnet diesen Titel
in der Deutschen Nationalbibliografie.
Bibliografische Daten sind unter http://dnb.d-nb.de verfügbar.

Danksagung

Unser Dank gilt dem IGEL-Verlag, der Grafikerin Annelie Lamers und in besonderer Weise Silke Starodubetz für die unkomplizierte Zusammenarbeit bei der Realisierung dieses Bandes aus der Flensburger Reihe.

Danken möchten wir auch dem Erzbistum Hamburg für den Druckkostenzuschuss.

Zudem danke ich Herrn Priv. Doz. Dr. Franz Januschek für seine Korrekturvorschläge.

Für Markus Schattner

Inhaltsverzeichnis

Vorwort zur Reihe

Die „Flensburger Studien zu Literatur und Theologie" möchten eine interdisziplinäre Entdeckungsreise sein und zum Nachdenken einladen – in aller Freiheit! Thematisch bewegt sich diese Reihe zwischen: Literatur, Philosophie, Theologie, Natur- und Sprachwissenschaft … (kann erweitert werden!) Medial bewegt sie sich zwischen vielen Welten: Bücher, Filme, Serien, Comics … (kann erweitert werden!) Eine solche Vielfalt von Themen und Disziplinen bedingt auch eine Vielfalt der Darstellungen: Essays, Gedichte, Rezensionen und wissenschaftliche Aufsätze … (kann auch erweitert werden!)

Zwischen Welten – synchron und diachron: in diesem Sinne versteht sich die Zusammenarbeit mit dem „Centro Studi Sara Valesio" (Bologna – New York), das dieses kulturelle Anliegen zum Zentrum seines Projekts gemacht hat.

Der Herausgeber

Centro Studi Sara Valesio – CSSV

The CSSV is conceived as a cultural nucleus of library collections and archival documentation. At the same time, the Center presents itself as a place for dialogue, cultural formation, research and discussion. Its main referent are literary and philosophical writings, in the broadest sense of the term, and studied in their contact with the concrete experience of well-defined persons; above all, persons who actually move between different cultural, geographical, psychological worlds, concretely experiencing different aspects of such movements: assimilation, migration, expatriation, alternate residences.

Hence, the main theme of the Center: „Writers Between Worlds“. The worlds in question are principally, but not exclusively, Italy, Europe and the United States; and the term „writer“ is meant (as noted) very broadly: not only poets, novelists, playwrights philosophers; but also essayists, historians, social researchers, writers of memoirs and letters, translators, screenplay writers, theatre and film directors, journalists and so forth.

This is not an abstract and intellectualistic project, because we constantly underline the relationship between textual worlds and existential experiences. The critical research that grows out of all this is therefore sensitive to the human, social and spiritual themes circulating in all these textualities. The book series „Flensburger Studien zu Literatur und Theologie“, with its constructive approach to this kind of textualities, is an important expression of the project carried out in many forms by the CSSV.

Paolo Valesio, Director of the Centro Studi Sara Valesio

Centro Studi Sara Valesio

Centro Studi Sara Valesio – Museo della Città di Bologna srl
Via Manzoni, 2 - 40121 Bologna
tel. 051.19936313 - fax 051.19936300
centrostudisaravalesio@genusbononiae.it

Nachweis der Erstveröffentlichungen

Markus Pohlmeyer: Jugendsprache und Latein – Einige Gedanken über sehr lebendige Sprachen, in: http://culturmag.de/crimemag/markus-pohlmeyer-jugendsprache-und-latein/137396; Zugriff am 1.10.21

Markus Pohlmeyer: Jurassic World: Neue Abenteuer oder Glücklich unter Dinosauriern, in: http://culturmag.de/crimemag/markus-pohlmeyer-entdeckt-jurassic-world/143931, Zugriff am 1.7.22

Markus Pohlmeyer: Star Trek Enterprise: „Dämmerung" und „Ebenbild". Eine Skizze, in: http://culturmag.de/crimemag/markus-pohlmeyer-schaut-star-trek-enterprise/144686, Zugriff am 23.09.22

Markus Pohlmeyer: 10 Anmerkungen zu Star Trek „Picard" (2), in: http://culturmag.de/crimemag/10-anmerkungen-zu-star-trek-picard-2/146766, Zugriff am 2.12.22Markus Pohlmeyer: Zehn weitere Anmerkungen Star Trek „Picard 2" (2022), in: http://culturmag.de/crimemag/pohlmeyer-noch-einmal-star-trek-picard-2/148918, Zugriff am 1.2.23

Markus Pohlmeyer: „Avatar 2" und „Raised by Wolves" – Neues von zwei Giganten des Films: Ridley Scott und James Cameron, in: http://culturmag.de/crimemag/markus-pohlmeyer-avatar-2-und-raised-by-wolves/149755, Zugriff am 1.3.22

Markus Pohlmeyer: Rezensionen zu Baoshu, Octavia Butler und John Marrs, in: http://culturmag.de/crimemag/bloody-chops-september-2021/136888; Zugriff am 1.9.21

Markus Pohlmeyer: Andy Weir „Der Astronaut" – Rocky and Roll im Weltall, in: http://culturmag.de/crimemag/markus-pohlmeyer-ueber-andy-weirs-der-astronaut/137390; Zugriff am 1.10.21

Markus Pohlmeyer: Das Meer der (Alb)Träume. Über eine Cixin Liu-Graphic Novel, in: http://culturmag.de/crimemag/markus-pohlmeyer-ueber-eine-cixin-liu-graphic-novel/137423; Zugriff am 1.10.21

Markus Pohlmeyer: Cixin Liu: Der Dorflehrer (von Zhang Xiaoyu, Bielefeld 2021) – eine Rezension, in: http://culturmag.de/crimemag/der-dorflehrer-nach-cixin-liu/138118, Zugriff am 1.11.21

Markus Pohlmeyer: Spider-Man. Vol 1. Eine Rezension, in: http://culturmag.de/crimemag/markus-pohlmeyer-spider-man-vol-1/140597, Zugriff am 1.2.22

Markus Pohlmeyer: Die Graphic Novel „Moby Dick“, in: http://culturmag.de/crimemag/die-graphic-novel-moby-dick/140592, Zugriff am 1.2.22

Markus Pohlmeyer: Barosaurus lentus – ein künstlerisches Experiment, in: http://culturmag.de/crimemag/barosaurus-lentus-ein-kuenstlerisches-experiment/146645, Zugriff am 2.12.22

Markus Pohlmeyer: Variationen zu Krieg und Frieden. Ein Fragment, in: http://culturmag.de/crimemag/markus-pohlmeyer-variationen-zu-krieg-und-frieden-ein-fragment/141865; Zugriff am 1.4.22

Markus Pohlmeyer: Erotik der Rhetorik, Rhetorik der Erotik. Überlegungen zu „Berlin Heat. Thriller“ von Johannes Groschupf, in: http://culturmag.de/crimemag/markus-pohlmeyer-liest-erotisches-in-berlin-heat/148455, Zugriff am 1.2.23

Markus Pohlmeyer: Ein Miniversum. Thesen zu Spur Z, in: http://culturmag.de/crimemag/mit-maerklin-ho-sozialsiert-philosophie-der-modelleisenbahn-2/149017, Zugriff am 1.2.23

Markus Pohlmeyer: Star Trek – Strange New Worlds. Ein Essay, in: http://culturmag.de/crimemag/star-trek-strange-new-worlds/153428; Zugriff am 3.7.23

Markus Pohlmeyer: 22 Gründe, die Demokratie zu mögen, in: http://culturmag.de/crimemag/__trashed-7/153607, Zugriff am 3.7.23

Markus Pohlmeyer: Isabelle Huppert – eine Künstlerin mit berauschenden Talenten. Ein Essay, in: http://culturmag.de/crimemag/markus-pohlmeyer-isabelle-huppert-1/150971, Zugriff am 2.3.23

Markus Pohlmeyer: Isabelle Huppert (2) – Von Eichhörnchen und Autobahnen, in: http://culturmag.de/crimemag/portraet-isabelle-huppert-2/151945, Zugriff am 1.6.23

Markus Pohlmeyer: „Das große Los“ und „7 Frauen“ – Schicksal und Kunst http://culturmag.de/crimemag/zwei-graphic-novels-1-x-wuchtig-1-x-leise/152048, Zugriff am 1.6.2023

REZENSIONEN

Jugendsprache und Latein – einige Gedanken über sehr lebendige Sprachen

Zu Matthias Heines Buch „Krass. 500 Jahre deutsche Jugendsprache“[1]: Die Darstellung ist stark deskriptiv, mit einem Schwerpunkt vor allem in Studentenmilieus, aber auch aktuell angelegt mit Blick auf die Gamer-Szene oder die Sozialen Netzwerke. Von „Wie *Tumult*, Alkohol und Bandenwesen eine ‚eigene Kraftsprache‘ schufen“ (beginnend im 16. Jh.) bis zu „Der *Digga*, der *Babo* und ihr *mega Endgegner* – das VSCO Girl“. Die starke Fokussierung auf Studentensprache wird wie folgt begründet: „Zudem war sie rund 300 Jahre lang die einzige Jugendsprache, die wir in Quellen zu fassen kriegen. […] Jugendsprache setzt ein Gruppenbewusstsein und kommunikatives Vernetztsein voraus, die so nur an Universitäten zu finden waren, vielleicht noch bei Handwerksburschen und -gesellen.“[2] Und viele Literaten, Theologen und Philosophen hätten ja ein Studium absolviert; exemplarisch sei auf das folgendes Kapitel verwiesen: „Als Goethe *Pech* im Glück hatte. Studentensprachliches im Werk des größten deutschen Dichters.“[3]

Heine arbeitet mit einer eigenen Definition von *Jugendsprache*: sie „[…] fasse ich als eine Sprechweise, mit der sich junge Menschen nach außen sowohl von Älteren als auch von anderen Jugendlichen abgrenzen und die nach innen als eine Art Erkennungszeichen wirkt. So etwas gab es vor rund 500 Jahren, als Martin Luther studierte, genauso wie später bei flotten Burschen an Universitäten, Turnern, Wandervögeln, Straßenkindern in Berlin der Dreißigerjahre, Swing-Girls, Hitlerjugend, Halbstarken, Gammlern, Hippies und heutigen Hip-Hoppern oder Gamern.“[4] Heines Buch ist eine detailreiche Entdeckungsreise, zum Nachschlagen, zum Vertiefen, zum Staunen. Nun einige Beispiele – mit ergänzenden Literaturhinweisen:

„Auch beim *Kater*, den man nach einem Rausch hat, denkt keiner mehr an die burschikosen Saufrituale von Halle, Jena und Gießen. Aber das

---

1 M. Heine: Krass. 500 Jahre deutsche Jugendsprache, Berlin 2021.

2 Heine: Krass (s. Anm. 1), 10 f. Siehe dazu auch H. Henne – G. Objartel: Historische deutsche Studentensprache, Berlin – New York (1982/1983).

3 Heine: Krass (s. Anm. 1), ab S. 54.

4 Heine: Krass (s. Anm. 1), 12 f.

Wort erschien erstmals um 1850 als Hüllwort: Die Studenten sagten vermutlich ironisch, sie hätten einen *Katarrh*, wenn ihnen übel war; in der Leipziger Aussprache wurde dann *Kater* daraus."[5]

Mit Eva Neuland gilt festzuhalten: „Die historischen Schüler- und Studentensprachen können als zeit- und sozialgeschichtliche Vorläufer in der Entwicklung von heutigen Jugendkulturen und Jugendsprachen gelten. Gerade aus den Beobachtungen zu historischen Erscheinungsweisen von Jugendsprachen lässt sich deren vielfältige Verwobenheit mit gesamtgesellschaftlichen kulturellen und sprachlichen Entwicklungstendenzen verdeutlichen: Jugendsprachen entstehen und funktionieren nicht in einem gesellschaftlichen Vakuum."[6] Neuland verweist auf folgende *Herkunftsbereiche*: auf „[…] die Antike mit den klassischen Sprachen Griechisch und Latein, in dessen Rang als Sprache der Gebildeten und Gelehrten und als wissenschaftliche Verkehrssprache die damaligen Studenten bereits als Schüler der ‚Lateinschulen' eingeführt wurden,[7] […] die Einflüsse des Französischen […], und zwar vor allem im Bereich des Duellwesens, […] schließlich der biblisch-theologische Herkunftsbereich, dessen Bedeutung für die damaligen Studenten aus der geschichtlichen Stellung der theologischen Disziplin hervorging."[8] Gerade das Lateinische bot großen Raum für Kreativität. „Die Mischung von Elementen neuerer Sprache mit lateinischen Wortbildungselementen nennt man seit der Renaissance *makkaronisches Latein*[9]. […] Diese Sprachmischung funktionierte bei Studenten, indem man deutschen Wörtern lateinische oder pseudolateinische Endungen anhängte: Aus *fressen* und *läppisch* entstanden so *Fressalie* und *Lappa-*

---

5 Heine: Krass (s. Anm. 1), 51. Siehe dazu auch F. Kluge: Etymologisches Wörterbuch der deutschen Sprache, bearb. v. E. Seebold, 24. Aufl., Berlin – New York 2002, 477.

6 E. Neuland: Jugendsprache, 2. Aufl., Tübingen 2018, 129.

7 Vgl. dazu „Goethe hatte in seiner Jugend sehr gut Latein gelernt, und zwar fast wie eine lebende Sprache. Sein Vater schrieb das Haushaltsbuch lateinisch, und der Sohn musste Latein so lernen, daß er über Handwerksarbeit wie über Staatsrecht in dieser Sprache ein Gespräch führen konnte." Kommentar, in: Johann Wolfgang Goethe. Werke. Hamburger Ausgabe, Bd. 5, Dramatische Dichtungen III, kommentiert v. S. Atkins u.a., München 1988, 669. Zu Goethe s. auch Neuland: Jugendsprache (s. Anm. 6), 134.

8 Neuland: Jugendsprache (s. Anm. 6), 138 f.

9 S. dazu auch Neuland: Jugendsprache (s. Anm. 6), 139.

lie, aus *Luft* und *pfiffig* der *Luftikus* und der *Pfiffikus*."[10] Heine verweist in diesem Kontext auch auf ein allbekanntes, modernes Beispiel: die *Asterix*-Comics.[11]

Während meiner Zeit als Lateinlehrer war es für meine Schüler und Schülerinnen immer frontal krass und mega abgespaced, zu erfahren, wie viel *ihre* (Jugend)Sprache dem Lateinischen oder Altgriechischen verdankt. Sehr zu empfehlen das Kapitel „Krasskonkret: Wie Seneca mal in endgeilem Jugendlatein abloste" in Karl-Wilhelm Weebers Buch: Rom-Deutsch. Warum wir alle Lateinisch reden, ohne es zu wissen"[12]: „Aber eines sollte sich jeder Anti-Latein-Clown (*colonus*, ‚Bauer', daraus ‚Landtölpel') merken: Total korrega, die Sprache (*corrigere*, Partizip Perfekt *correctus*, ‚richtig')! Irgendwo sogar kultig (*cultus*, ‚Verehrung'). Und Englisch? Das ist für echte Latein-Fans (*fanaticus*, ‚schwärmerisch', ‚begeistert') die sprachliche Asischale. Kein Joke, Alder (*iocus*, ‚Witz')!" Latein und Jugendsprache – eine total geniale Kombi für die Ewigkeit.

Epilog: *xippi*

„Ein kleines westafrikanisches Wort hat im 20. Jahrhundert mehrfach Jugendsprachen der Welt bereichert […]. In einer der Landessprachen des Senegal, dem Wolof, heißt *xippi* (gesprochen *chippi* mit hartem ch) ‚wachsam, mit offenen Augen' […]. Mit Sklavinnen und Sklaven aus dem Senegal gelangte das Wort nach Amerika. Um 1900 stand es erstmals in der Form *hep / hip* in Zeitungen und Büchern."[13]

---

[10] Heine: Krass (s. Anm. 1), 60.

[11] S. dazu Heine: Krass (s. Anm. 1), 61.

[12] Frankfurt am Main 2006. Das folgende Zitat von S. 306.

[13] Heine: Krass (s. Anm. 1), 165.

Kurzbesprechungen

Baoshu: **„Botschafter der Sterne“**[1] wird als ein *Trisolaris*-Roman angekündigt. Bei aller Detailfülle fehlt diesem Buch die Größe und Weite eines Cixin Liu. Zu viele Leerstellen oder Ambiguitäten der Original-Trilogie glaubt der Autor ausfüllen zu müssen. Es wird geklärt, es wird zugrunde gerichtet. Dadurch verliert das Geheimnisvolle seinen Reiz. Der Roman strotzt vor mythologischer Belesenheit; das narrative Gerüst erweist sich letztlich als dünn (gleich einem Weihnachtsbaum, der, hat er alle seine Nadeln verloren, unter Flitter versteckt wird): eine Adam- und Eva-Geschichte (super innovativ), ein dualistischer Kampf Gut gegen Böse (super innovativ), die Schachtel in der Schachtel in der Schachtel, wo die Kämpfe weiter gehen (super innovativ). Und der Schluss erzählt, wie es zu *Trisolaris* kam. Etwas platt, etwas kitschig. Nur wenige Science Fiction-Autoren vermögen die Grenzen des Denkbaren und Phantastischen wirklich zu erweitern, wie z.B. Cixin Liu.

„Wilde Saat“ von Octavia Butler (hier gelesen ohne den größeren Kontext) läuft ab wie die Unaufhaltsamkeit eines griechisches Dramas. Gleichwohl ein offenes Kunstwerk, irgendwo beginnend, irgendwann endend. Doro, ein Unsterblicher, trifft Anyanwu, eine Gestaltwandlerin. Mehr nicht. Beide umkreisen, umwerben sich; ein ständiger Machtkampf, wer wen beherrsche. Sklaverei als ständiger Sub- und Prätext. Der Unsterbliche möchte eine besondere Art von Menschen mit besonderen Fähigkeiten hervorbringen. Unheimlich, wie Männer und Frauen zu Zuchtobjekten degradiert werden – aus purer Angst vor Doro fügen sie sich. Denn dieser kann einfach so Körper übernehmen. So entsteht eine Parallelsklaverei der Gene. Was ist Identität, was Menschlichkeit, Liebe? Was wird aus einem, der nicht sterben kann? Solche Einsamkeit vermag nur Anyanwu zu durchbrechen. Im Grunde geht es in diesem Roman immer um das Gleiche, aber immer anders. Von Afrika nach Nordamerika. Durch Äonen hindurch. Menschsein wird fluide. Beeindruckend die Schil-

---

[1] Baoshu: Botschafter der Sterne. Ein Trisolaris-Roman, übers. v. M. Hermann, München 2021.

derungen und Erlebnisse, wenn Anyanwu sich in Tiere verwandelt. Ständige Metamorphosen. Mann- und Frausein werden fluide: beide Hauptakteure können nach Belieben das andere Geschlecht annehmen. Bleibt die Liebe? Dann Initiationen: der harte Übergang der ‚Zuchtobjekte' zu einer besonderen Begabung, die oft wie ein Fluch auf den Betreffenden lastet, wenn nicht kontrollierbar. Doro ist auch nur eine andere Art Sklavenhalter, dessen Macht einzig Anyanwu eindämmen kann. Vieles hier ambig und unerklärt, was das Gespenstische dieses Romans ausmacht, der sich wie eine ständige Flucht inszeniert – vor der Unsterblichkeit: „Begreifst du denn nicht! Er lebt seit mehr als siebenundreißighundert Jahren. Als Christus, der Sohn Gottes, den die meisten Weißen hier in den Kolonien verehren, geboren wurde, war Doro schon unfassbar alt. Jeder andere war für ihn nur wie Rauch, der verweht: Frauen, Kinder, Freunde, ja sogar Stämme und Völker, Götter und Dämonen. Alles und jeder verging und starb – außer ihm."[2] Vom Fluch, ein unsterblicher Gott zu sein. Ein Gott, der die Menschheit umbaut.
John Marrs' **„The Passengers"** ist von erschreckender Aktualität. Selbstfahrende Autos. Ein handelsüblicher Psychopath. Die Passagiere: alle mit finsteren Geheimnissen. Was zuerst wie eine private Racheaktion rüberkommt, wendet sich in ein gesellschaftliches Drama: „Einige wenige ausgewählte Beamte haben, irgendwo hinter den Mauern von Westminster, beschlossen, unsere Daten gegen uns zu verwenden und sicherzustellen, dass kein ‚wichtiger' Mensch mehr Opfer eines Verkehrsunfalls wird. Die Verantwortlichen [...] sahen darin eine Möglichkeit, die Gesellschaft von bestimmten Mitgliedern zu säubern, die in ihren Augen zu wenig für die Gemeinschaft leisten."[3] Rasant, lesenswert. Wenn du denkst, du hast jetzt nach einer Horrortour sicheren Grund erreicht, tut sich die nächste Falltür auf. *Fuck the Algorithm.*[4] Nein, die Algorithmen sind nur Werkzeuge; gefährlich, wer sie anwendet, unkontrolliert, machtbesessen oder ein-

---

[2] O. Butler: Wilde Saat. Roman, übers. v. W. Platen, München 2021, 222.

[3] J. Marrs: The Passengers. Du entscheidest über Leben und Tod. Roman, übers. v. F. Mayer, München 2020, 370.

[4] Siehe dazu K. Klöcker: Autoritäre Algorithmen. Wenn Künstliche Intelligenz Entscheidungen trifft, in: Herder Korrespondenz 7/2021, 37-39.

fach nur, um mal wieder Geld zu sparen. Bis die Welt wieder mal in Flammen steht. „Nur wenn wir Algorithmen als politisch begreifen, können wir selbstbestimmt und demokratisch mit ihnen umgehen. Wenn wir die Politik der Algorithmen geschehen lassen, ohne sie gemeinsam zu verhandeln, unterwerfen wir uns ihr.“[5]

[5] S. Müller-Mall: Freiheit und Kalkül. Die Politik der Algorithmen, Stuttgart 2020, 77.

Andy Weir „Der Astronaut“ – *Rocky and Roll* im Weltall.

Diese Geschichte wie eine Tragikomödie: Rein in die Katastrophe, raus ins Happyend. Die erste Hauptfigur wurde geschickt gewählt und gekonnt gestaltet. Ryland Grace, ein Lehrer (und ehemaliger Wissenschaftler), der in ein kosmisches Abenteuer stolpert. Aus seiner Perspektive wird erzählt – eine Perspektive, die über die Ich-Form mich, den Leser, leicht in das Geschehen verstrickt.

Die zweite Hauptfigur ist Stratt, eine Art globale Diktatorin (die sich heftige Dialoge mit Grace liefert). Denn es gibt da draußen Lebewesen (*Astrophagen*), die gerne Sonnen anknabbern, und diese verlieren in der Folge an Temperatur: dumm gelaufen für Planeten wie die Erde. Es kommt so schlimm, dass versucht werden muss, die Erderkaltung durch Abschmelzen der Antarktis zu bremsen – mittels Atomwaffen. Stratts politische Funktion wirkt wie ein Rückgriff auf das Amt des *dictator* in der römischen Republik;[1] sie erhält jegliche Befugnisse für das Krisenmanagement, denn lokale und nationale Politik sind nun bedeutungslos geworden. Sie schnippt mit dem Finger, und schon ist alles da: vom Espresso über einen Flugzeugträger bis zum Raumschiff. Auf dem Grace irgendwie unfreiwillig landet.

Und dann Auftritt der dritten Hauptperson: ein Alien, und zwar ein Bastler sondergleichen. Sein Planet hat ein ähnliches Problem mit den Astrophagen. Allein das Kennenlernen, das Sich-verständigen-Lernen (Da gibt es wirklich Übersetzungsprobleme: man beachte die Notenumschriften!),[2] die Rücksichtnahme auf die je andere Biologie, die

1 Siehe dazu J. Bleicken: Die Verfassung der römischen Republik. Grundlagen und Entwicklung, 4. Aufl., Paderborn 1985, 90: „Er ist der Notstandsbeamte, der zur Beseitigung der Notlage alle Vollmachten hatte und zu diesem Zweck die gesamte Exekutivgewalt in seiner Person konzentrierte. […] Da ihn auch das Veto des Kollegen nicht behindern sollte, wurde auf ihn […] das Prinzip der Kollegialität nicht angewandt.“ Dieses Amt aber war auf sechs Monate befristet.

2 Vgl. dazu grundlegend: A. Jöckel: Trifft ein Klingone einen Menschen. Die Sprachen der Science Fiction, in: J. L. Jake – M. Pohlmeyer (Hrsg.): Sprache im Film. Ein Phänomen, leicht zu übersehen. /Language in Film. A phenomenon easy to neglect, dt./engl., Flensburger Studien zu Literatur und Theologie, Bd. 19, Hamburg 2020, 15-28.

phantastische Zusammenarbeit (Mit Superkleber und Phantasie läuft es einfach rund.) – zwei irre, liebenswürdige Anti-Helden, die ihre Heimatsonnen retten wollen und die aber beide ihre Raumschiffbesatzungen verloren haben.

„Das ist ein Alien. Ich habe gerade einen Alien gesehen. Nicht nur ein Alien-Raumschiff. Einen echten Außerirdischen. Ich meine, seine Klau… ja, schon gut. Seine Hand. Aber was weiß ich. Ich sage ‚seine Hand', aber vielleicht ist es auch *ihre* Hand. Oder etwas ganz anderes, für das ich kein Pronomen kenne. Vielleicht haben sie siebzehn verschiedene biologische Geschlechter. Oder gar keine. Über die wirklich schwierigen Dinge beim Erstkontakt mit intelligenten Aliens redet kein Mensch: die Pronomina. […] Außerdem heißt er Rocky, solange ich nichts Gegenteiliges höre."[3]

Und so schraubt und werkelt sich die Mensch-Alien-WG durch den Weltraum; der Mensch anfänglich planlos, das Alien ohne Kenntnis der Relativitätstheorie; aber Freunde helfen sich aus. Meiner Einschätzung nach eine der gelungensten Begegnungen von einem tapferen Weltraumfahrer mit einem Alien, also einem Menschen. Ohne dass er/sie/es gleich alle auffressen oder in einen galaktischen Krieg stürmen will.

„'Auf der Erde gibt es ein unheimliches, tödliches Geschöpf, das wir ‚Spinne' nennen. Du siehst wie eine aus. Nur, damit du es weißt.' *‚Gut. Stolz. Bin gefährliches Weltraummonster. Du bist undichter Weltraumklecks.* ‘“[4]

Der Astronaut wird am Ende seine Rückkehr zur Erde aufgeben, um seinen Freund mit den Klauen und dessen Sonne zu retten. Denn sie haben das Gegenmittel gefunden: Lebewesen, welche diejenigen anknabbern, die Sonnen anknabbern. Grace findet eine neue Heimat – und ist wieder Lehrer geworden, in einem extra für ihn geschaffenen Habitat. „Sie huschen zu ihren Pulten, setzen sich still hin und warten auf die

---

3 A. Weir: Der Astronaut. Roman, übers. v. J. Langowski, 2. Aufl., München 2021, 204.

4 Weir: Astronaut (s. Anm. 3), 491.

nächste Lektion. *‚Wer von euch kann mir sagen, wie groß die Lichtgeschwindigkeit ist?‘* Zwölf Kinder heben die Klauen.“[5]

Die Ausgangslage der Story dramatisch und apokalyptisch, aber was dann da oben abgeht: oft musste ich das Buch vor Lachen zur Seite legen. Selbstironisch, voller Entdeckungen und Abenteuer, tragisch, verrückt, wissenschaftlich (am Anfang des Buches finden sich Illustrationen zur „Flugkonfiguration“), anrührend – kurz, ein Wahnsinnsteil.

„*‚Aus rein selbstsüchtigen Gründen hoffe ich, dass du bleibst. Aber das ist nur meine Meinung.‘* […] „Aber … Rocky …‘ *‚Ich weiß‘*, antwortet er und kippt den Panzer, was ich inzwischen als Lächeln zu deuten weiß.“[6]

PS I

Auf diesen Roman passt erstaunlich die Struktur der sog. Heldenreise – mit folgenden Variationen: Rocky und Stratt sind die Mentoren von Grace, der – das ist die Abweichung vom Dritten Akt – zwar das rettende *Elixier* zur Erde schicken wird, aber selbst in der (nach dem Weltraum) zweiten *anderen Welt* verbleiben muss, also eine weitere Schwelle überschreitet. Und am Ende selbst zum Mentor wird. Wie am Anfang.

Hier eine veränderte Darstellung nach C. Vogler: Die Odyssee des Drehbuchschreibers, übers. v. F. Kuhnke, 6. Aufl. Frankfurt am Main 2010, 324 (Sie müssen sich das als Kreisstruktur vorstellen!):

„Erster Akt
Isolation
Gewohnte Welt
Ruf des Abenteuers
Verweigerung
Begegnung mit dem Mentor

[5] Weir: Astronaut (s. Anm. 3), 555.
[6] Weir: Astronaut (s. Anm. 3), 552 f.

Zweiter Akt-A
Abstieg
Andere Welt
Überschreiten der ersten Schwelle
Bewährungsproben
Vordringen

Zweiter Akt-B
Initiation
Andere Welt
Entscheidende Prüfung
Belohnung
Rückweg

Dritter Akt
Rückkehr
Gewohnte Welt
Auferstehung
Rückkehr mit dem Elixier“

PS II

„‘Alle Informationen über die Relativität sind in dem Laptop. Deine Wissenschaftler sollen es sich ansehen.‘ *‚Ja. Sie werden sich freuen.‘* ‚Nicht, wenn sie etwas über die Quantenphysik erfahren. Dann werden sie ziemlich wütend.‘ *‚Verstehe nicht.‘* Ich lache. ‚Mach dir deshalb keine Sorgen.‘“[7]

[7] Weir: Astronaut (s. Anm. 3), 497 f.

Erotik der Rhetorik, Rhetorik der Erotik. Überlegungen zu „Berlin Heat. Thriller“ von Johannes Groschupf

Berlin. Heißer Sommer. Liebesakt auf einem Baukran. Danach: „Über uns wölbt sich der Himmel. ‚Überraschend intensiv‘, sagt Marla, als sie ihre Shorts wieder anzieht, ein Fenster aufschiebt und das Gummi rauswirft, und ich bin noch weit weg, irgendwo ganz weit draußen. Wenn ich sehe die Himmel, deiner Finger Werk, den Mond und die Sterne, die du bereitet hast. Wann habe ich eigentlich angefangen, an Gott zu glauben? ‚Alter‘, sagt Marla, ‚komm mal wieder runter auf den Teppich hier.‘ Sie zieht ihr Shirt an, gibt mir meine Hose …“[1]

Ein Baukran in Berlin, hoch über der heißen Stadt, ein Wolken-Kratzer, Ort einer Heiligen Hochzeit,[2] nicht auf dem Berg oder in einem Tempel, nein, in einem Denkmal der Technik und Industrialisierung, banal, oder? Und das Gummi segelt melodramatisch nach unten. Und dann – jetzt wird es romantisch (☺) – eine hypothetische Periode ohne Nachsatz. Und ohne Ansage, ohne Vorwarnung, ohne Markierung durch Anführungszeichen: ein Zitat aus Psalm 8. Ein auswendig gelerntes Gebet? Der Anfang davon. Ein Schöpfungshymnus. Die semantische Überleitung verläuft über „ganz weit draußen“ nach „Himmel“. Und wer ist „deiner“ in dieser Apostrophe, wer ist auf einmal „du“? Erst die metareflexive Frage Toms nach dem eigenen Glauben vollendet das offene Konditionalgefüge: nach dem Muster Zitat aus der Tradition – Folgen für die eigene Biographie. Wer spricht? Als ob Tom sich selbst mit seiner eigenen Stimme in die Stimmen der Psalmentradition einschreiben würde.[3] Er wird für einen Nebensatz lang zu einem anderen, fernen Ich. Durch Sex zum Gottesbeweis?

Marla merkt, dass Tom für einen Moment diesen Planeten verlassen hat. Shirt und Hose: Adam und Eva verlassen wieder angezogen das Paradies. Steigen herab in die Niederungen und Wirrungen ihres Alltags.

---

[1] J. Groschupf: Berlin Heat. Thriller, Berlin 2021, 45.

[2] Siehe dazu „Liebe und Eros zur Zeit der Bibel“, Welt und Umwelt der Bibel 21/2001, 17.

[3] Hier böte sich auch ein Vergleich mit M. Bachtin und J. Kristeva an.

Marla holt Tom ziemlich gnadenlos auf den Teppich: „‘[...] Ich lege mich noch vor die Cam, ein bisschen Geld verdienen. Heute ist Freitag, da sind viele Männer einsam.‘“[4] Mediale Kompensation, mediale Dissoziation nach der *unio mystica*. Und Tom, getrieben von seinen Schulden und verstrickt in eine Entführung, die ein Politiker inszeniert hat, um in der Wählergunst zu steigen, wird später die brutale Erfahrung machen müssen, dass Sex nicht immer nur nett ist, sondern auch ein Instrument der Demütigung sein kann.

Später, Auftritt Polizistin. Romina ist blanker Rock'n Roll und eine Figur, die Venus und einen rhetorischen Terminator in sich vereinigt. Tom hat vom ersten Augenblick ihrer Begegnung keine Chance. Null. „Romina folgt mir, ihre flinke Zunge in meinem Mund, an meiner Zunge, sie setzt sich auf mich, und mit einigen wohligen Verrenkungen finden wir zusammen. Herr im Himmel,[5] du bist groß, und ich lobe deine Werke. In Hoheit und Pracht bist du gekleidet, Licht ist dein Kleid, das du anhast, du breitest den Himmel aus wie ein Zelt. ‚Du hast keinen Slip an‘, sage ich. ‚Ich bin ein einfaches, robustes Mädchen‘, sagt Romina über mir [...].“[6]

Wieder das Motiv des Himmels. Und nun zur stilistisch-syntaktischen Gestaltung dieser Stelle: Hauptsatz, Ellipse, Ellipse, Hauptsatz, Hauptsatz Punkt. Nach dem *Gesetz der Wachsenden Glieder*[7](Ja, das war eben frech von mir ...). Und dann wieder unvermittelt ein innerer Monolog, der das noch kommende Geschehen proleptisch überblendet und gleichzeitig kommentiert. Keine eigenen Worte Toms, wieder Zitat (ohne Ellipse), er outet sich wieder als Psalmenbeter (hier aus Psalm 104); darum vermutlich keine Anführungsstriche, Tom wird wieder zu einer Stimme, die von weit her kommt. Er reiht sich in einen schöpfungstheologischen und mystischen Diskurs ein. Der Angeredete wird sogleich adressiert: „Herr“. Archaische, hoch-poetische Sprache. Und dann wieder ohne Vorwarnung: Sie habe ja keinen Slip an (Antithese zum Bekleidet-Sein Gottes). Evas Rückkehr ins Paradies? Und im

---

[4] Groschupf: Berlin (s. Anm. 1), 46.

[5] Der Anfang des Psalms wurde etwas verändert; „im Himmel“ steht nicht im hebr. Original, spannt aber den Bogen zu dem ersten Zitat.

[6] Groschupf: Berlin (s. Anm. 1), 225 f.

[7] H. Lausberg: Elemente der literarischen Rhetorik, 7. Aufl., München 1982, 30.

Gegensatz steht hier der Psalm vor der *unio*. Dieser Akt verläuft im Grunde spiegelverkehrt im Vergleich zur Begegnung mit Marla. Und wenn sie (Romina) sich über ihn (Tom) wölbt, dann erinnert das an altägyptische Darstellungen der Vereinigung von Himmel und Erde.[8]
Diese Liebesszenen in „Berlin Heat" lese ich auch als Gegenkommentar zu gewissen politischen Strömungen, die im Roman vorkommen und ihr Unwesen feiern und die sich eher durch Repatriarchalisierung und Frauenfeindlichkeit auszeichnen. Ähnlichkeiten zu unseren Realitäten? Natürlich nur rein zufällig, wie zu Anfang des Thrillers betont wurde … Durch die spezifische Zitattechnik wirken die Liebesszenen nicht banal, sondern irritierend und überraschend. Mystik und Mythos schreiben sich intertextuell in unsere Gegenwartswelt ein, sind geradezu all-gegenwärtig, sind zwar entsakralisiert, verfehlen aber ihre (Text) transzendierende Wirkung nicht. Jedes noch so banale Lieben ist durch die Liebe nie banal.

So erhalte ich auch einen neuen Einblick in Toms Innenleben, der bisher als ein drittklassiger, spielsüchtiger Alles-Organisierer-und-Hobby-Kleinkrimineller-nervt-Vater-und-beklaut-seinen-Mitbewohner-Totallooser rüberkam. Tom ist Ich-Erzähler; in den zitierten Passagen mit Marla und Romina als äußeren Dialogpartnerinnen – darum die Anführungszeichen? – wird Gott zum inneren, noch intimeren Dialogpartner – darum keine Anführungszeichen? Ein interessante Dreiecksbeziehung entsteht: Ich – Du – Gott … und mehrfache Vereinigungen: Mann-Frau und Mensch-Gott. Das fällt so aus dem sonstigen Duktus dieses Romans, dass ich darüber gestolpert bin, nachdenken musste, dass ich darüber gestolpert bin und das gelesene Buch wird aus dem Regal geholt, eines Romans, der mit der Geschwindigkeit eines Tornados daher kommt und inhaliert werden kann wie ein Stück Käsekuchen mit frischen Erdbeeren, der bisweilen zwischen den Zähnen knirscht, als hätte man eine Schaufel Sand gefuttert. Und dann diese zwei Falltüren nach oben (es gibt hier auch welche nach unten) – in den Kosmos, in die Mystik, in die Psalmen hinein. Das Hohelied der Liebe ist immer, ist überall. Ich komme hier an eine Grenze, die ich nicht ganz

[8] Siehe dazu O. Keel: Die Welt der altorientalischen Bildsymbolik und das Alte Testament. Am Beispiel der Psalmen, 5. Aufl., Göttingen 1996, 23 und 27. Dort auch zahlreiche ikonographische Verweise auf die Psalmen 8 und 104.

zu fassen kriege, die mich fasziniert, und hätte ich sie erfasst, stünde ich schon jenseits von ihr. Darum Dank an der Autor, dass es Rätselhaftes in seinem Thriller gibt. Und kein Gedöns im Stil von, was uns der Autor damit habe sagen wollen. Genau DAS.
Schließlich ein infernalisches Finale. Aber ganz am Ende wird ein innerlich und äußerlich anderer Tom auf-stehen, gezeichnet zwar durch Narben, aber als jemand, der einen quasi absoluten point-of-view einzunehmen vermag gegenüber der ewigen, schier trostlosen Wiederkehr des Immer-Gleichen. „'Du verlierst nicht', sagt Romina. ,Du fängst einfach wieder von vorn an. Komm jetzt.'"[9] Neuschöpfung. Wenn Mystik Ver-Ein-igung (unio) ist, dann kann sie kann gar nicht anders als erotisch und religiös sein. Auch in der Sprache. Rominas „Komm jetzt" ist durchaus mehrdeutig und charmant frech. Und Rhetorik? Das ist bisweilen die Kunst, einen Text anspruchsvoll sexy und erotisch verhüllend zu machen.

Zum Weiterlesen

Markus Pohlmeyer: Gedanken zum Lied der Lieder, in: http://culturmag.de/crimemag/markus-pohlmeyer-gedanken-zum-lied-der-lieder/134555; Zugriff am 1.5.2021

U. Störmer-Caysa: Einführung in die mittelalterliche Mystik, Stuttgart 2004.

[9] Groschupf: Berlin (s. Anm. 1), 254.

FILM

Jurassic World: Neue Abenteuer oder Glücklich unter Dinosauriern. Ein Essay

Vor kurzem entdeckte ich *Jurassic World: Neue Abenteuer. Staffel 1-3.* Dinoskrassherdamit. Fing harmlos an. Eine Gruppe von Jugendlichen darf ein neues Camp in *Jurassic World* ausprobieren: Darius, absoluter Dino-Fan; Kenji, nervenzersägender VIP; Ben, der selbst Angst vor der Angst hat und auch diese mit Desinfektionsmittel bekämpfen würde; Sammy, Top-Spionin, um ihre Familie zu retten; Yaz, Mega-Sportlerin; Brooklynn, Influencerin, die von und mit ihrem Handy lebt. Und es gibt zudem eine Brücke zu den neueren Filmen dieser Reihe: Denn der genetisch manipulierte Indominus Rex erklärt den Park zu seiner privaten Partyzone. Alle fliehen; die Kinder bleiben zurück. Darius, der seinen Vater verloren hat, muss lernen, dass er nicht alle und alles retten kann. Yaz muss lernen, auch einmal schwach zu sein; Sammy lernt, ehrlich zu sein; Brooklynn lernt, dass es hinter dem Handy auch noch eine Realität gibt, die dich manchmal sogar fressen will. Und Kenji muss obercool Verantwortung übernehmen. So begegnet die Gruppe im Laufe vieler spannender Abenteuer sympathischen Pflanzenfressen und immer hungrigen Fleischfressern, neben denen gängige Filmpsychopathen wie die Schlümpfe aussehen. So tricksen die Teenager einen T-Rex aus und bomben buchstäblich einen Carnotaurus in die Flucht (sein ‚Künstlername': „Toro" – in der latein. Bezeichnung steckt auch „Stier"). Und sie lassen Gebäudetrümmer auf die Scorpii Reges (noch mehr psycho, ebenfalls genmanipuliert) niederkrachen – in einem gigantischen Showdown mit freundlicher Unterstützung eines Raptors; dagegen wirkt das Finale von *Jurassic Park I* einfach nur nett. Diese so unterschiedlichen Kinder setzen sich gegen Großwildjäger, die üblichen Dr. Frankensteins und pseudo-harten Jungs-mit-der-großen-Kanone-und-großen-Klappe durch; kurz, sie werden ein Team, das Unglaubliches schafft. Während Dinos Dinos verspachteln, Erwachsene Dinos töten, Dinos Erwachsene fressen, schützen diese Jugendlichen Leben, wo es nur möglich ist. Der Scorpius Rex bildet da eine Ausnahme, weil er als Superkiller aus dem Genlabor die ganze Insel sinnlos auslöschen würde. Mit viel Witz und Ironie entsteht von Episode zu Episode das Panorama einer faszinieren-

den Welt, in der trotz aller Bedrohlichkeit die Kinder eine Art Symbiose mit den Dinosauriern entwickeln, woran die Erwachsenen immer wieder scheitern. Ein kleines Paradies, auch wenn es nicht gerade perfekt ist, weil es dich aus Versehen umrennt, denn du bist zu klein, oder dich fressen möchte, denn du siehst lecker aus.
Eine irre Sequenz: Das Team erreicht die Schwebebahn in Richtung Fähre. Aufatmen. Tiefe, persönliche Gespräche. Es ist Nacht. Das Licht des Zuges lockt Pterosaurier an. In Slow Motion wird Ben von einem solchen ergriffen, und Darius kann ihn nicht retten (worüber er später fast verzweifeln sollte). Ben überlebt mit Hilfe seiner kleinen Ankylosaurier-Freundin „Bumpy"; die beiden sind im Grunde schon seit ihrem Schlüpfen ein unzertrennliches Paar. Verrückt, wie dieser Angsthase im Dschungel zu einer Art Rambo mutiert – und dann geht er auch noch mit einem selbstgebastelten Speer auf den Carnotaurus in einer Wucht los, dass der nun echt das Fürchten lernen muss. Der blanke Wahnsinn. Und was für eine Geschwindigkeit in diesem Duell! Außerdem kommt später die nun größere Bumpy dazu und zeigt Toro, wo der Hammer hängt, und zwar mit ihrer Schwanzkeule. Aber: Toro wird nicht ausgelöscht, sondern nur in die Flucht geschlagen. Okay, diese epische Schlacht erhält dann im Laufe der Zeit den Status einer immer wieder erzählten Legende (Archetypus: Kampf gegen den Drachen); und Ben möchte die nächsten Folgen hindurch immer wieder etwas in die Luft jagen.

Yaz rettet Sammy das Leben; Brooklynn opfert sich, um dem Gen-Wahnsinn ein Ende zu machen; auch Kenji will der Gruppe etwas Gutes tun. Doch Darius, der sehr genau das Verhalten der Dinosaurier studiert, ist gewissermaßen der Mentor für alle, damit sie in dieser vergessenen Welt nicht verloren gehen. Die Kinder sind aber auch oft durch ihre Vergangenheit überfordert: Sammy will ihre Familie retten, während Darius seinem todkranken Vater nicht helfen konnte. Für Kenji, luxusverwöhnt, scheint dagegen Familie eine Leerstelle zu sein. Und Ben überlegt sich sogar, auf der Insel zu bleiben, als sich die Möglichkeit zur Flucht bietet. Ich habe hier den Schwerpunkt auf Ben gelegt, weil er meiner Meinung nach von allen den längsten Weg zurückgelegt haben wird. Es wäre eine Verkürzung, ihn nur als Dschungelkampfmaschine darzustellen. Er und Bumpy pflegen eine besonderre Freundschaft zwischen den *species* – von wegen dumme Dinos; und sie sorgen sich rührend umeinander, auch wenn irgendwann der Punkt des Abschiedes kommt. Ben fasst zusammen: „Ich hab' mich auf dieser Insel gefunden. Also kann ich mich auch woandershin mitnehmen."[1]

In der Erwachsenenwelt finden diese Jugendlichen nicht zu ihrem Selbst, was ihnen die Utopie von Isla Nublar aber ermöglichen wird, jener Nicht-Ort voller … ja, seltsamer und liebenswürdiger Ungeheuer. Die uralte, klassische Botschaft: Das wirkliche Monster ist der Mensch. In dem Sophokles-Drama „Antigone" gibt es ein Chorlied mit folgenden Versen (332 f.): „Viel Unheimliches und nichts unheimlicher als der Mensch […]."[2] Das altgriechische Wort *deinos* findet sich sowohl in Dinosaurier („Schreckensechse") als auch im Dinanthropus („Schreckensmensch") wieder.

Eine kleine Kritik zum Schluss: Die Darstellung der Dinosaurier in dieser Serie wirkt trotz deren Intelligenz und Agilität noch wie aus einer anderen Zeit. Seit Jahren bin ich durch verschiedene Publikationen daran gewöhnt, manche von ihnen mit Farben und mit Federn zu sehen. Ein gefiedeter T-Rex? Dazu noch bunt? Also, ein bisschen mehr Mut zur Farbe (… und nicht nur fluoreszierende Hadrosaurier als Höhlenbeleuchtung). Aber hätte man die Serie vor 100 Jahren gesehen – rein hypothetisch: wer hätte diese Dinosaurier wiedererkannt?

Zum Weiterlesen

Markus Pohlmeyer: Paläoart: Wie Künstler durch die Zeiten sahen (Rezension zu: Z. Lescaze: Paläo-Art, 2017), in: http://culturmag.de/rubriken/buecher/buch-zoe-lescaze-palaeo-art/105296, Zugriff am 17.12.2017

Markus Pohlmeyer: Notizen aus dem Paläo-Museum, in: http://culturmag.de/crimemag/notizen-aus-dem-palaeo-museum/109742, Zugriff am 15.6.2018

[1] Alle direkten und indirekten Zitate in diesem Essay aus: *Jurassic World. Neue Abenteuer. Staffel 1-3 © 2022 Universal Studios (4 DVDs).*

[2] In meiner Übersetzung schließe ich mich den Überlegungen von G. Fink: Die griechische Sprache, 2. Aufl., München – Zürich 1992, 206 ff. an.

Markus Pohlmeyer: Jurassic World: Das gefallene Königreich (2018). Ein Essay, in: http://culturmag.de/crimemag/film-markus-pohlmeyer-ueber-jurassic-world-das-gefallene-koenigreich/110923; Zugriff am 19.8.2018

Markus Pohlmeyer: Fliegende Wunder, fliegende Albträume – Flugsaurier in der Paläoart, in: http://culturmag.de/crimemag/markus-pohlmeyer-die-dinosaurier/133853, Zugriff am 1.4.21

Star Trek Enterprise: „Dämmerung“ und „Ebenbild“. Eine Skizze

Mag sein, durch den Abstand der Jahre begeistert mich *Star Trek Enterprise* (2001-2005) immer mehr – im Gegensatz zu den teilweise vernichtenden Kritiken, die ich gelesen habe. Nach nur vier Staffeln eingestellt (Ein ähnliches Schicksal traf die Originalserie). Und zugegeben, ein leider dramaturgisch frontal vermasseltes Finale (bildlich: mit Warp 8 in ein klingonisches Schwert). In Kürze: Die Menschheit wagt unter der strengen Aufsicht der Vulkanier die ersten größeren Schritte in die Galaxie. Die Vulkanier treten als überstrenge, überbesorgte Über-Mentoren auf, die aus ihrer Sicht einen Sack voller Flöhe-mit-Warp-Antrieb hüten müssen. Und was vielleicht zudem noch irritieren mag: die Besatzung dieser Enterprise agiert als Team – ohne herausragende Solisten wie Kirk oder Mr. Spock (während ‚damals‘ die anderen nur nette Dekoration waren und hin und wieder wegsterben durften). Hier gibt es zudem sehr sperrige Charaktere, in denen sich oft nur schwer eine heile Star Trek-Welt wieder finden lässt. Die Crew improvisiert und bastelt sich eher durch die Weiten des Alls und muss erkennen, dass allzu große Hilfsbereitschaft nicht unbedingt auf Gegenliebe stößt. Im Folgenden skizziere ich zwei Episoden aus der 3. Staffel, indem ich auf Sekundärliteratur verzichte, nicht weil es dazu keinen Anhalt gäbe, sondern weil sie aufgrund der Themen jeden Rahmen sprengen würde.

Die Xindi haben die Erde angegriffen: 7 Millionen Tote. Prophylaktisch aus Angst vor der expandierenden Menschheit, die sie in der Zukunft vernichten könnte/würde. (Wer streut mit welcher Absicht solche Gerüchte?) Diese fremden Gegner befinden sich in einer sogenannten Ausdehnung – mit seltsamen physikalischen Zuständen. Verkehrte, ver-rückte, gefährliche Welten. „Dämmerung“: Auf der Suche nach den möglichen Feinden und ihrer neuen (Todesstern-ähnlichen) Superwaffe gerät die Enterprise wieder einmal in räumliche Verzerrung. Captain Archer (eine charmante Mischung aus den diplomatischen Fähigkeiten eines Kirk und den Cowboy-Manieren eines Picard) rettet die Vulkanierin T’Pol vor einer durch das Schiff wandernden Anomalie; sein

Gehirn wird dabei von Parasiten infiziert, die das Langzeitgedächtnis vernichten und schließlich auch noch jenseits der Zeit existieren würden. Jups, dies ist aber *das* Science Fiction-Moment, welches genauso funktioniert wie ein fliegender Teppich oder ein sprechender Wolf im Märchen. Solch ein Kunstgriff ermöglicht hier, eine alternative Zukunft zu konstruieren und durchzuspielen. Die Erzählperspektiven wechseln geschickt zwischen allwissend und personal. Am Anfang sehen wir, wie die Erde zerstört wird; T'Pol ist Captain – und wir sind genauso ratlos wie der verwirrter Archer auf der Brücke. Alles scheint für ihn jeweils neu, während die anderen mit einer schier nicht aufzuhaltenden Katastrophe konfrontiert werden. Fazit: Nimmt man also Archer aus dem Spiel, kann die Menschheit von den Xindi an den Rand der Auslöschung gebracht werden. T'Pol kümmert sich im Laufe der Jahre rührend um Archer – ohne sein Eingreifen würde sie ja das gleiche Schicksal erlitten haben. Berührend und tragisch, wie sie immer wieder erzählt, von sich, von neuem, und Archer immer wieder von neuem vergisst. Es entsteht eine Art fragmentarisches Narrativ, indem ich als Zuschauer (wie auch Archer sehr mühselig) die Puzzle-Teile zusammensetzen muss. Welche Beziehung T'Pol zu ihrem einstigen Captain aufbaut, bleibt ambig, wird nur angedeutet. Ich sehe darin eine Liebesgeschichte, in der die Liebende nie Antwort von dem geliebten Menschen erhalten kann, aber diese Liebe konsequent durchhält. Dr. Phlox fragt einmal die Vulkanierin, ob sie dem Captain gesagt habe, was sie für ihn empfinde … Der Arzt forscht und forscht, findet nach Jahren ein Heilmittel für Archer. Die drei werden schließlich ihr Leben opfern, um die Menschheit zu retten, indem sie die ursprüngliche Zeitlinie wieder herstellen können. Heile die Parasiten in der Zukunft, dann verschwinden sie auch in der Vergangenheit. Logo. Diese Ein-Juwel-von-einer-Episode bietet zudem mehr Tragik, Action und Weltraumschlachten als mancher Kino-Film, weil sie auch die anderen Charaktere und deren mögliche Entwicklungen mit einbezieht. Augenzwinkernd der Schluss. Archer, geheilt, in der Krankenstation, zu T'Pol (ihr Gesichtsausdruck schwankend zwischen *Pretty Woman* und *Terminator*), er brauche ein zweites Kissen, und sie möge das Licht dimmen: „Sie wären eine gute

Krankenschwester."[1] Jetzt wissen wir allwissenden Zuschauer und Zuschauerinnen mehr als die Figuren.

Es wäre unfair, T'Pol mit Seven of Nine aus Voyager zu vergleichen. Ein vermeintlicher Vergleich anhand optischer Kriterien verdeckt die Komplexität dieser Figur, die fast alle anfänglich am liebsten aus der Luftschleuse werfen würden, die sich aber später gegen das vulkanische Oberkommando und für die Enterprise entscheidet. Die, oft zitternd und bebend in ihrer Körpersprache, zerrissen wird von ihrer Logik – am Rande des absoluten Gefrierpunktes – und zerrissen von ihren Emotionen, so als ob sie ständig versuchen würde, die Supernova ihrer Sinnlichkeit in einen vulkanischen Kühlschrank zu packen.

„Ebenbild": Trip, der Bordingenieur, ein Meister des Chaos, der Genialität und Fehlentscheidungen, will den Warp-Antrieb verbessern, etwas geht schief, die Enterprise flugunfähig und beschädigt; Trip lebensgefährlich verletzt. Dr. Phlox gelingt es, mit einer besonderen (*mimetischen*) Wüstenlarve (… sprechende Wölfe und fliegende Teppiche …) einen Klon von Trip herzustellen – Phlox scheint nach dem Motto zu agieren, was medizinische Theorie ist, das kann auch praktisch realisiert werden. So erleben wir dieses Kind aufwachsen und zu ‚Trip' (in der Serie zu ‚Slim') werden, dem immer mehr bewusst wird, dass der Sinn seiner Existenz nur darin besteht, als organisches Ersatzteillager für den Verletzten zu dienen. Darum will er auch fliehen, aber letztlich bleibt er, um die Mission zu retten. Archer ist unerbittlich – und steuert gnadenlos auf einen moralischen Abgrund zu (… das wird nicht der einzige in dieser Staffel sein): Die Enterprise muss die Erde retten und die Enterprise braucht Trip. Daraus folgt? Alle Mittel scheinen plötzlich recht. Der neue Klon erlebt in wenigen Tagen sowohl seine Entwicklung zum erwachsenen ‚Trip' als auch sein Hineinwachsen in die Erinnerung seines Vor-Bildes. Ihm, dem Ab-Bild, gelingt es, seine Gefühle T'Pol zu gestehen, die ihn zum Abschied küsst. (Später wird sie sogar eifersüchtig und schafft mit dem ersten Trip klare Fuckten.) Eros und Thanatos. Damit die Enterprise und die Menschheit gerettet werden, darf Archer das Wohl und die Existenz eines Einzelnen opfern, den er

[1] Alle direkten und indirekten Zitate entnommen aus der DVD-Box *Star Trek Enterprise. The Complete Series (2017).*

dafür (Gott gleich) erschaffen ließ? Diese Episode *zeigt* das Problem, wertet es nicht. Ich blieb am Ende ratlos zurück … Und eine Ringkomposition: Am Anfang scheint der tote Trip zeremoniell verabschiedet zu werden; am Ende wusste ich, dass es sich um das Ebenbild *handelte*. Der Klon hat Archer und Phlox die Entscheidung (nicht die Verantwortung) abgenommen, indem er sich selbst freiwillig opferte. Am Ende bleiben eine ehrenvolle Verabschiedung und die Erkenntnis darüber, was Archer zu opfern bereit ist. Unheimlich, unheimlich, unheimlich. Diese Serie mutet uns viel zu. Ein gutes Mittel gegen Unterkomplexität.

Zehn Anmerkungen zu einer neuen Staffel von *Star Trek* „Picard" (2022)

1. Alles irgendwie bekannt, aber erfrischend arrangiert. Darum besser als die erste Staffel.
2. Zu Beginn bewegt sich Admiral Picard gefährlich nahe am Rand eines Abgrundes, in eine Herzensangelegenheit verstrickt zu werden; doch Q (deus ex universo) und eine Borg-Königin (dea in machina) betreten im richtigen Augenblick die Bühne. Wozu hat man alte Freunde? Pardon, Feinde.
3. Bleibe niemals mit einer Borg-Königin allein. Nie. Nicht. Niemals. Unter keinen Umständen. Und mag sie auch lächeln. Egal, welches Angebot sie über den digitalen Gartenzaun wirft. Sie kommt immer auf echt miese Gedanken – vor allem, wenn *du* sie beeindrucken kannst. Und sie steht voll auf Auto-Batterien.
4. Was passiert, wenn eine Borg-Königin einmal so richtig Party feiern will? Da müsst Ihr jetzt echt stark sein, liebe Science Fiction-Fans: Ein Musical ist nichts dagegen … Also echt, *Star Trek* schreckt langsam, aber sicher vor nichts mehr zurück.
5. Raffi, immer im Kampfmodus, plant mit Seven (die angeblich einige Bindungsprobleme hätte – so von wegen ihres Borg-Hintergrundes) eine gemeinsame Zukunft – klingt doch romantisch? „Unser Kummer ist schön und tragisch … Abgesehen davon sind wir der Hauptplot … Wir zwei, alt, sitzen auf einer Parkbank und schubsen mit unseren Gehstöcken […]." Seven: „Darin bin ich besser."[1]
6. Krass psychoanalytisch, was so einige im Keller ihres Unterbewusstseins verborgen halten. Mutig und herausfordernd die ausgeleuchteten dunklen Seiten liebgewonnener Figuren. Und diese Dr. Frankenstein-Variante von ‚Data' beispielsweise, das wirkt einfach nur gespenstisch. Aber auch dies: Vielleicht sind die Monster, vor denen wir Angst haben, gar nicht die Monster, vor denen wir uns fürchten müssen?

---

1 Alle direkten und indirekten Zitate entnommen aus: *Star Trek* PICARD. Staffel Zwei. © 2022 CBS Studios/Paramount.

7. Rios macht vor, wie ein brillantes Summary aussieht. Einmal bis zum Anschlag um die Sonne rauschen. Zeitreise. Bummm. Charmante, aber hammermäßige Ärztin kennengelernt, doch nun festgehalten in einem Lager für illegale Einwanderer, Rios gegenüber einem Wächter so: er komme aus der Zukunft, stecke nun in einer primitiven Vergangenheit fest („Nichts für ungut!"), versuche, die Zeitlinie zu kitten; bunte Truppe, darunter seien eine kybernetische Königin, die vorhätte, die Menschheit komplett auszulöschen („Mit ihren Legionen.") … und ein mürrischer, alter Admiral, der ein Roboter aus Fleisch und Blut sei. Das habe er aber noch nicht so ganz erklärt bekommen. Bummm.
8. Berührend, wie die junge Guinan die Welt des 21. Jahrhunderts beschreibt – aus der Perspektive einer Außerirdischen – und dabei anfängt, zu weinen. Ökologische Katastrophen und Hass ... mögliche Weichenstellungen in eine xenophobe, faschistoide Zukunft (in der Seven Präsidentin und verheiratet sein wird; wenn sie zu ihrem Mann „Schatz" sagt, friert eine Supernova zu.)
9. Irgendwie tritt auch in der Vergangenheit Picards Beinahe-aber-ich-konnte-noch-rechtzeitig-wegrennen-Beziehung wieder auf. Eine seltsame Metamorphose, denn die Gestalt bleibt, aber das Wesen hat sich verändert. Sie ist eine „Wächterin". Wow. Lernzielsicherung: Kümmere dich um dein Herz, sonst leidet das ganze Universum darunter. Dazu ein Dialog von existentieller Wucht (Stellen Sie sich Picard dabei gelangweilt, genervt und gleichzeitig gehetzt vor):

Raffi: „… Sie haben gesagt, dass es kompliziert ist …"
Picard: „Nicht jetzt."
Raffi: „Aber ihre neue Freundin … sieht sie nicht genauso aus wie …"
Picard: „Ist mir bewusst."
Raffi: „Und das finden Sie nicht irgendwie gruselig?"
Picard: „Ja doch."
Raffi: „Tolle Unterhaltung."

10. Hoffentlich habe ich hier nicht zu viel verraten. Unbedingt sehenswert. Und was sind überhaupt die Motive von Q? Okay, nun wird es wirklich Zeit, erwachsen zu werden, um die Galaxis zu retten – auch ohne Kirk und Spock.

Desiderat

Die Relevanz von Streichquartetten (Picard scheint an dieser Entwicklung nicht ganz unschuldig) und Schimpfwörtern (Agnes, tragische Figur, gefangen in ihrer Einsamkeit, zum Admiral: „Überheblicher Wi[Piep]!“) dürfte in diesem Serien-Kosmos noch ein offener Forschungsgegenstand sein. Ich verweise hierbei auf die wegweisende Serie *Lower Decks* Staffel 1 und 2 – so was von frech, brillant und vor, unter, hinter jedem Ereignishorizont … und daneben.

Zehn weitere Anmerkungen *Star Trek* „Picard 2“ (2022)

1) Wir könnten anfangen, anders zu denken. *Picard 2* wagt dazu viele Experimente. Diese Staffel aus dem *Star Trek*-Kosmos erweist sich unter anderem auch als Beziehungsdrama und Entwicklungsroman im Science Fiction-Gewand.
2) Turn around. Am Ende wird Admiral Picard der Seven das Kommando übergeben: die nicht ohne Schwierigkeiten lernen musste, dass sie Mensch UND Borg ist und bleibt (und Raffi liebt).
3) Turn around. Am Ende wird eine neue Borg-Königin (ehemals eine Frau) Picard darum bitten, provisorisch in die Föderation aufgenommen zu werden: die über Jahrhunderte hindurch gelernt hat, was es bedeutet, Borg UND Mensch zu sein. (Natürlich, damit gemeinsam eine ungeklärte galaktische Bedrohung abgewehrt werde – Spannungsbogen zu Staffel 3?)
4) Q schickt Picard in die Abgründe seiner Seele und in eine alternative, alptraumhafte Welt: die Konföderation als massenmordendes, die Galaxis versklavendes Imperium – im Grunde getrieben von Angst. Grölende Massen, öffentliche Hinrichtungen, und irgendwelche Propaganda, die das irgendwie rechtfertigen will.
5) Q werde allein sterben, aber er möchte Picard vor diesem Schicksal bewahren. Aus dem Gott und seinem Spielzeug, aus zwei alten Feinden werden Freunde, die sich am Ende umarmen.
6) Picard lernt, sich selbst zu verzeihen, da er sich – in ständiger Verdrängung – Schuld am Tod seiner depressiven Mutter gab und nicht begriff, dass sein Vater ihn beschützen wollte.
7) Und Raffi hält endlich einmal ihre Klappe … texttexttext (absolut nervig, aber total liebenswürdig) …, als Seven sie endlich küsst.
8) Unsere Helden und Heldinnen sind gealtert: „This, if nothing else, might be the most hopeful message twenty-first-century Star Trek has given the world – even if your're over forty, you can still change your ways and turn your life around. Just look at Seven and Jean-Luc!“[1]

---

[1] R. Britt: Phasers on Stun! How the Making (and Remaking) of Star Trek Changed the World, Penguin Random House 2022, 313.

9) Und dann gibt es ein Juwel (Beim ersten Sehen übersah ich es), einen Dialog, eher Monolog, aus der Episode „Gnade“: Nachdem Rios gegenüber seiner heißgeliebten Ärztin Teresa, die sich für illegale Einwanderer engagiert, bekennen musste, er, ein Weltraumarbeiter komme aus (Chile und) der Zukunft, bricht die Serie durch jede Gattungskonvention (und haarscharf an einer Soap Opera vorbeigeschrammt) – das Universum hält den Atem an. Sie, auch in ihn verliebt: „Ich werde dich nicht wieder sehen. Ich würde mich gern an mehr erinnern […].“[2] Dann auf Spanisch weiter (mit Untertiteln). „Stell dir vor, wir wären verheiratet …“ Er: „Whoa, Lady …“ „Wir haben jede Sekunde miteinander verbracht. Aber jetzt fühlt es sich an wie eine Geschäftsbeziehung. Wir reden, aber wir sprechen nicht miteinander. Darum stecken wir plötzlich fest. Buchstäblich. Wir wollten meine Familie zu Weihnachten besuchen, hatten aber eine Panne. Wir hängen in einem schäbigen Hotel fest. Wir gehen zusammen in eine Bar. Zum ersten Mal seit sehr langer Zeit. Ich hatte darüber nachgedacht, eine Affäre anzufangen, mit einem Kollegen.“ Er: „Versuchst du gerade, romantisch zu sein?“ (Ab hier wieder Englisch bzw. Deutsch.) Sie: „In dieser Bar erzählst du mir etwas, etwas über dich. Ich kenne dich seit 10 Jahren, aber das, was du sagst, bringt mich zum Weinen. Ich habe es nicht gewusst. So etwas solltest du mir erzählen. Bevor du wieder wegfliegst“ Rios kann darauf nicht richtig antworten, denn plötzlich Teresas Sohn dazwischen: „Mom, ich habe Bauchschmerzen!“ (Zu viele Kuchen aus dem Replikator des neu entdeckten Raumschiffs.) Bevor sie zu ihm geht, küsst sie Rios.
Das Gespräch beginnt zuerst auf Spanisch; zwar durch Raum und Zeit getrennt, bezieht sich Teresa so aber auf eine gemeinsame Basis und markiert dadurch auch eine gewisse Intimität. In ihrer Allegorie brechen Erzählzeit und erzählte Zeit vollständig auseinander, denn sie hat keine Zeit und muss wie im Zeitraffer eine mögliche Beziehung mit Rios (weil eine reale nicht möglich scheint) konstruieren und komprimieren und auf einen Kulminationspunkt hinführen. *Wir haben keine zehn Jahre, um uns nichts zu sagen: bitte, gib mir etwas Relevantes*

[2] Alle direkten und indirekten Zitate entnommen aus: *Star Trek* PICARD. Staffel Zwei. © 2022 CBS Studios/Paramount. Zeichensetzung von. Beim Transkribieren könnten sich kleinere Fehler eingeschlichen haben.

von dir, woran ich mich erinnern kann. Im Von-uns-Erzählen erzählen, erschaffen wir uns und uns den anderen. Und nur in und durch diese Geschichten sind wir.[3] Teresa macht das, was Q tut: sie konfrontiert mit anderen, möglichen Realitäten. Es geht hier nicht um sog. alternative Wahrheiten, sondern um die Wahrheit in der Alternative. Denn Picard und Seven stehen immer in der Verführung durch Macht. Und Rios muss nun wie ein narratives Aschenputtel einfach den Schuh zurücklassen, an den sich Teresa erinnern will. Diese hochemotionale Szene wird banal durch ein Kuchenproblem unterbrochen. Doch Rios findet die Antwort in der letzten Folge: er werde in der Vergangenheit bleiben. Picard, zurückgekehrt, sollte später erfahren, was aus den Dreien geworden gewesen sein wird.
Liebe Leserinnen und Leser, erzählen Sie ihren Freunden und Freundinnen etwas Besonders von sich, was gut aufgehoben wäre im Schatzkästchen von deren Erinnerungen. Das bleibt.

10) Seltsame Anmerkung als Nachwort
C. L. Haven betont: „Mittlerweile aber liefert uns das Tagesgeschehen selbst Beweise für Girards Mimesis-Theorie. Sie lässt sich ebenso auf das ‚Wie du mir, so ich dir‘ der Politiker anwenden wie auf das Herdenverhalten der Twitter-Nutzer, die Zunahme von Mobbing und Gruppengewalt oder die Vergeltungssucht, die sich da und dort in den Kampf um soziale Gerechtigkeit eingeschlichen hat. Laut Girard ist Imitation eine treibende Kraft menschlichen Verhaltens. Wir alle sind schließlich soziale Wesen. Wir wollen, was andere wollen. […] Wir begehren, was wir begehren, weil wir uns so das Sein des anderen anzueignen hoffen – im Glauben, dass die Essenz dessen, was wir an ihm bewundern, auf uns übergehe […].“[4] In Kurzfassung: Neid in Kombination mit Hybris. Girard entwickelt eine komplexe Sündenbocktheorie – als Eindäm-

3 Und hier könnte ich ungebremst ausholen: W. Schapps „In Geschichten verstrickt“, O. Marquards „homo narrans“ oder D. Henrichs Überlegungen zum Wahrheitsgehalt von Fiktion, Kierkegaard … ach ja, in einem anderen Universum.

4 C. L. Haven: Nachwort, in: R. Girard: Warum kämpfen wir? Und wie hören wir auf? – Imitation und Streit, übers. v. U. Bossier u. hg. v. C. L. Haven, Stuttgart 2022, 113-119, hier 114.

mungsmechanismus von Gewalt – gerade auf dem Hintergrund der (nie richtig verstandenen) Kreuzigung des Gottessohnes. Es gibt einen Ausweg, der sehr jesuanisch klingen mag: „Girard schloss mit den Worten: ‚Wir müssen unseren Nachbarn gegenübertreten und den bedingungslosen Frieden erklären. Sogar wenn wir provoziert und herausgefordert werden, müssen wir der Gewalt entsagen, ein für alle Mal.‘ Er forderte allumfassende Vergebung, solange noch Zeit dafür ist. Mit dieser Einsicht könnten wir einer anderen Zukunft entgegengehen.“[5]

Picard 2 zeigt eine solche andere Zukunft. Q und die Borg-Königin haben etwas gesucht und gefunden: einen Freund in Picard. Seven und die Borg-Königin imitieren nicht, sie integrieren in ihrem Wesen das tatsächlich Andere ihrer selbst. Rios integriert Zukunft und Vergangenheit, Teresa Vergangenheit und Zukunft, das Gottwesen Q seine Sterblichkeit, und Picard seine schmerzvolle Geschichte und romantischen Gefühle. Irgendwie Versöhnung. Für einen schwebenden Moment lang der Hauch von Paradies, aber was wäre die Galaxis ohne Probleme, Geheimnisse, Herausforderungen und einer dritten Staffel von *Picard*?

[5] Haven: Nachwort (s. Anm. 4), 119.

Star Trek – Strange New Worlds. Ein Essay

„Packen wir's an.
Wir müssen noch vor dem Frühstück einen Planeten retten.
Ich liebe diesen Job."
Captain Pike

Das sind die Abenteuer einer genialen und so was von durchgeknallten Enterprise-Crew, wie das Universum sie noch nicht gesehen hat.
Am Steuer: Erica – „Kabumm!" Spock hat eine Verlobte und … (Spannungspause) küsst Schwester Christin Chapel. Uhura kann sich nicht so richtig entscheiden, was sie denn auf der Enterprise soll, voll die Jobfindungskrise usw. Und Christopher Pike, durch die Berührung mit einem klingonischen Zeitkristall-was-auch-immer, weiß um seine fürchterliche Zukunft: er wird bei einem Unfall, wo er vielen das Leben rettet, furchtbar entstellt werden: soll er sich diesem (unausweichlichen) Schicksal stellen – oder alles tun, um es zu vermeiden?
Strategisch genial, die Folge, als die Enterprise unvorbereitet von Gorn-Schiffen angegriffen wird – eine unheimliche Spezies mit gespenstischen Eigenschaften und viel Ähnlichkeit mit „Alien". Die Enterprise fliegt bald auf dem letzten durchgeschmorten Gummireifen; aber Pike nutzt die Physik eines Schwarzes Loch (nach neuesten Erkenntnissen dargestellt!), um die Fieslinge auszutricksen.
Auf einem Kometen, dessen Kurs ihn auf einen Planeten einschlagen lassen könnte (ein Komet, der auch aber letztlich in die Zukunft schauen kann – irgendsone krass religiöse Kiste), findet die Landungsmannschaft ein Artefakt. Samuel Kirk, Bruder von *dem* Kirk, fasst es an --- und *Kabumm*. Niedergestreckt. Mut machender Kommentar von Spock zu Uhura: „Dank Mr. Kirk wissen wir, welchen Bereich Sie meiden sollten. Damit hat er eine Option eliminiert und Ihre Chancen verbessert."
Dramatisch die letzte Episode – über einen alternativen Verlauf bestimmter Ereignisse: Was wäre, wenn Pike die Geschichte geändert und Captain Kirk *nicht* die Enterprise übernommen hätte? Die Romulaner überfallen Grenzposten mit einem getarnten Raumschiff. Pike versucht

den Weg des Friedens, was die Romulaner als Schwäche werten und einen schier endlosen Krieg beginnen. Pike akzeptiert angesichts dieser möglichen fatalen Konsequenzen sein Schicksal – und wie wir wissen, wird dann Kirk später mit der Enterprise ein *Gleichgewicht des Schreckens* herstellen. Traurig irgendwie.
Meine Lieblingsepisode: das dümpelte erst mal so vor sich hin, irgendwer muss wieder gerettet werden, und dann zündet eine Supernova (*Kabumm*). 1. Von Piraten gefangen, zetteln Pike und sein Team eine Meuterei an. Und der Captain hat sichtlich riesiges Vergnügen, schließlich an einem Steuerrad zu stehen und zuletzt dann auf der Enterprise einen Piraten zu imitieren; Una (Nummer Eins) fleht ihn lachend an, damit aufzuhören. Piratenphantasypark in Kombination mit galaktischer Kochshow (am Herd: auch der Captain). 2. Die damit verbundene Parallelgeschichte. Auftritt Dr. Aspen, eine Forscherin, welche die Enterprise um Hilfe bittet. Hört in ihrer Bude ein bisschen zu laut Musik, so dass die halbe Milchstraße wackelt. Dann auch modisch sich wandelnd, wird sie als Counselor tätig … und demontiert mit allem Charme nebenbei, so im Vorübergehn Mr. Spock, der ihr kaum gewachsen scheint. Und er tappt dann auch blindlings in ihre Falle. Mit seiner ungewollten Hilfe übernimmt sie das Schiff und demaskiert sich als Captain Angel der Piraten. Prima Donna, Drama-Punk-Queen, Black Lady, eine Spielerin und femina fatalis, eine ständige Metamorphose, überlegen, frech und cool, rhetorisch schier unschlagbar, legt sie los. Sie möchte Spock bei seiner Verlobten, die sich um Resozialisation von Strafgefangenen bemüht, gegen einen anderen Vulkanier austauschen (… lassen Sie sich überraschen, wer das wohl sein kann). Spocks Verhältnis zu seiner Verlobten, nun ja, nennen wir es ‚speziell'. Die letzte Eiszeit war dagegen unter romantischer Perspektive richtig heiß. Spock küsst aus taktischen Überlegungen Chapel, die vorher verkündet, sie beide hätten eine Affäre; die Vulkanierin löst daraufhin die Verlobung … und zischt ab. Madame Bösewicht, verblüfft, ausgetrickst und amüsiert, sich vom Acker beamend – aber nicht, ohne zuvor finster-liebenswürdig ihre Rückkehr anzukündigen. Sie ist bei weitem nicht so mies gelaunt und apokalyptisch unterwegs wie eine Borg-Königin; die Enterprise scheint sie eher zu ihrer persönlichen Partyzone umzufunktionieren. *Geil, diese Laser.* Und intellektuell kämen da z.B. die Klingonen schon gar nicht

mit, Spock hat ja schon mächtig zu kämpfen. PS: Er versöhnt sich wieder mit seiner Verlobten, sei ja nur Strategie gewesen. War es das? War es das auch für die phantastische Christine Chapel? Geschichten hinter Geschichten hinter Geschichten … Vielleicht wären diese drei Frauen um Spock auch als Personifikationen zu deuten: Chapel, ganz in Weiß, als die Aufrichtigkeit; Aspen (‚Angel' – im Grunde ein Anti-Engel?), ganz in Schwarz, als die Verlogenheit, und seine Verlobte, geradezu farblos, als die Logik.

Es wird dramatische Verluste und Abschiede in der Besatzung geben, aus verschiedenen Gründen, z.B. das tragische Opfer eines brummeligen Sympathieträgers; und nicht nur Statisten, die in der Klassik-Serie nach dem Jim-der-Mann-ist-tot-Stil umkippen. Die neuen Feinde scheinen unbezwingbare Urzeitmonster, die alles als ihre Beute betrachten. Und Pike muss bisweilen ein Maß an Ohnmacht ertragen, dass … weil eine fremde Zivilisation Kinder für eine Maschine opfert (als notwenige Funktionselemente), damit das wunderbare Leben auf diesem wunderbaren Planeten wunderbar weitergehen kann. Und dann der Schiffsarzt mit seiner kranken Tochter, die er nicht retten kann und deshalb im Transporter ‚aufbewahren' muss – bis es zur Erlösung kommt, buchstäblich wie im Märchen; übrigens in einer Episode, wo wir unsere Helden und Heldinnen einmal ganz anders kennen lernen: Pike als kriechender Mitläufer und als Finsterlinge Spock und Uhura. Dazu hinreißendes Design und ein Weltraum zum Staunen; Episoden, in denen mehr passiert als in ganzen Kinofilmen; Humor, Ironie, Persiflage, respektvolle und freche Verbeugung vor dem Original: so hat Markus immer als kleiner Junge *Star Trek* geliebt und ist froh, das auch als großer Junge tun zu können. Zukunft mal anders: herausfordernd, aber voller Zuversicht. Und wenn wir das Schiff mit bloßen Zähnen und auf den letzten Warp-Felgen ins nächste Raumdock schleifen müssten, es bleibt doch immer noch etwas Zeit für ein „Enterprise-Bingo"! PS: Pike frag Erica, ob sie eine Ablösung brauche? Nö, denn …

„Ehrlich gesagt stehe ich darauf, manuell zu fliegen. Das ist, als würde ich mit dem Schiff ein intimes Gespräch führen."

Alle direkten und indirekten Zitate entnommen aus:
DVD: STAR TREK STRANGE NEW WORLDS, Staffel 1, TM & © 2023 CBS Studios Inc.

„Avatar 2“ und „Raised by Wolves“ – Neues von zwei Giganten des Films: Ridley Scott und James Cameron

I

„Raised by Wolves“ (Ridley Scott)

Nach einem verheerenden Religionskrieg auf der Erde – Atheisten gegen den Mithras-Kult – sollen zwei Androiden („Mutter“ und „Vater“) auf Kepler-22b eine neuen Menschheit erschaffen: Mutter ist eine künstliche Göttin des Lebendigen und des Todes.[1] Horror pur, denn sie kann nämlich zu einer fürchterlichen Massenvernichtungsmegawaffe mutieren – mit der Fähigkeit zu fliegen und das in einer quasi Kreuzigungshaltung.[2] Aber Vater, irgendwie ein ungleicher Partner, kann empathischer mit den Menschen(kindern) umgehen und erweist sich – unabhängig davon, wie oft er auch zerstört werden sollte – als schier unzerstörbar; wird eifersüchtig, als Mutter ihm gesteht, dass sie sich mit ihrem Schöpfer in einer virtuellen Welt vereinigt habe (… die Bilder dieser Himmlischen Hochzeit sind jenseitig irrrrre …). Ihr Sündenfall. Und Vaters Sündenfall? Er findet die ‚Fossilien‘ einer (uralten) Androidin, baut sie zusammen, auch er wolle Leben schaffen. Diese neue Supergöttin, von gleicher dunkler Hautfarbe wie Vater, und sehr verführerisch für ihn, nun Großmutter genannt, wird nach Mutters Palastrevolution gegen einen Quantencomputer selbst eine subtile Palastrevolution gegen Mutter durchführen, die das zu spät entdeckt, denn sie hat tatsächlich und metaphorisch einen Schleier vor Augen, den sie aber benötigte, um ihre Emotionen gegen das neue Kind – eine gigantische fliegende Schlange – abzuschirmen, damit sie es vernichten konnte, denn es war zerstörerisch eifersüchtig auf Campion, ihren künstlich generierten Lieblingssohn (Verweis auf Kain und Abel?), der sich in eine Androidin verliebt hatte, die als Modell mit Tochter-Erin-

---

[1] Siehe die hebr. Bedeutung von Eva. Auch JHWH verbindet in der Genesis die Züge einer Leben schaffenden und dieses wieder vernichtenden Gottheit (nämlich durch die Sintflut).

[2] Im Design eine Anlehnung an „Metropolis“?

nerungen diente, von ihrer Besitzerin im Gesicht entstellt, daraufhin die Mithraisten-Gruppe gnadenlos auslöschend, später ihr offenliegendes Maschinengesicht mit einer Maske bedeckte (Parallele zum Schleier von Großmutter und Mutter?) und kurz vor ihrem Zusammenbruch ihre Erinnerungen in einen Baum eingraviert, Erinnerungen wie in einer Hieroglyphenschrift, die Campion kopiert, indem er Pflanzensaft auf den Baum schmiert und ein Stofftuch darüber legt, so dass eine Art kodierte Reliquie entsteht (Vergleich zum Schweißtuch der Veronika?). Komplexe narrative Verklammerungen und Verästelungen überall.

Jetzt die Alpträume. Diese Serie gibt sich so eindeutig mehrdeutig, dass Folgendes unter dem Vorbehalt stehen muss, nur mein eigener Deutungsversuch zu sein. Es handelt sich um eine hyper-technische Welt, die sowohl zurück-verzaubert scheint als auch wie eine „Alien"-Variation funktioniert. Schwarze Magie und Gigers „Necronomicon I & II"[3] spielen dabei eine große Rolle, was ich hier aber nicht ausführe, weil ich im Grunde alle Formen von Religion in dieser Serie als den (verzweifelten) Versuch von Menschen sehe, in Zeichensystemen Deutungsmuster ihrer Existenz zu konstruieren. Vielleicht deshalb, weil sie mit einer Zivilisation/Kultur konfrontiert werden (… sowie mit den Genkonstrukteuren in „Prometheus"), die so weit fortgeschritten ist, dass deren Technik ihnen wie Magie erscheinen muss – ein mittlerweile gängiger Topos in der Science Fiction.

Mutter und Vater entdecken einen Neandertaler. Vater: der Planet habe eine Geschichte, von der sie gefährlich wenig wüssten. Und die letzte Folge der zweiten Staffel deutet an, wie die Kinder eine (De)Evolution durchlaufen, indem sie sich mit ihrer Haut und Schwimmhäuten langsam an den chemischen Ozean anpassen – an ein Meer aus Säure (Aliens haben Säure als Blut), in dem Kreaturen leben …, die einst vermutlich irgendwie auch Menschen waren. Im Fokus stehen jedoch die Androiden; zwar von Menschen konstruiert, sind sie ihren Schöpfern so unendlich überlegen, in Raum und Zeit. Mutter kann sich sogar im Weltraum bewegen; Vater lernt unaufhörlich und entwickelt sich zu einer Art Übervater, zu einem Hirten (im guten wie im schlechten Sinne). Die Menschen dummen Schafen

[3] H. R. Giger: Necronomicon I & II, Erftstadt 2006. Daraus teilweise sogar Bildzitate, z.B. S. 69.

gleich, die das tun, was Menschen immer tun: sich gegenseitig vernichten; denn für so was Absurdes wie Religion haben sie ja ihren Heimatplaneten zerstört … (Dreißigjähriger Krieg?)

Und der Mithras-Kult[4], in der (römischen) Antike *die* Konkurrenzreligion schlechthin zum aufkommenden Christentum, wird nach meinem Dafürhalten so befremdlich dargestellt, dass damit nur etwas anderes gemeint sein kann. Überhaupt ist das alte Rom omnipräsent. Mithraisten verehren einen Zahn des Romulus als Reliquie – dieser kommt in die Hände von Marcus, der (und seine Frau Sue) eigentlich ein Atheist auf der Erde war und verschiedene Konversionen durchläuft: zuerst simulierend, dann überzeugt, am Ende entsetzt; und der wie Petrus[5] kopfüber an *dem* Baum von einem (selbst ernannten) Propheten gekreuzigt, von diesem Baum verschwunden, kopfüber mit Kreuzeshaltung in der Luft schweben wird. Marcus sah übrigens in der Staffel 1 das Bild eines kopfüber gekreuzigten Mithras. Ist dieser Atheist-Gläubige etwa ein neuer Heilsbringer?

Mutter, von einem Virus befallen?, bringt eine fliegende Schlange[6] zur Welt (1. Staffel). In einer Höhle … absolut verstörende Bilder und (Alp) Traumvisionen. Übrigens: Skelette von riesigen Schlangen säumten das erste Lager der Kolonisten. Die zum Fürchten schreckliche Geburtsszene erinnert an Motive aus „Alien 4“ und „Covenant“. Ich übergehe das. Oder übersetze: Und das Wort ist Fleisch geworden, und sie sprach, es werde, und es ward (Kombination aus Genesis und Johannes-Evangelium). Dazu eine entsprechende Konstellation von Monden/Planeten – ein kosmisches Ereignis (Stern zu Bethlehem?). Mutter wirkt bestürzt über ihr Schlangenkind, das wie sie fliegen kann. Dann folgt eine Reise mit Vater und Schlange zum Mittelpunkt dieser Welt, durch eine Art Tunnelsystem, und auf der anderen Seite wieder heraus.

In der 2. Staffel – man befindet sich nun in der sog. Tropischen Zone (von der Wüste zurück ins Paradies?) – wird die Androidin die mittlerweile riesige Schlange verfolgen, um sie zu töten. Auf einem Berg-

[4] Siehe dazu ausführlicher W. Burkert: Antike Mysterien. Funktionen und Gehalt, 5. Aufl., München 2012.

[5] Zu Petrus und Veronika siehe bitte H. L. Keller: Lexikon der Heiligen und biblischen Gestalten. Legende und Darstellung in der bildenden Kunst, 14. Aufl., Stuttgart 2018.

[6] Quezalcoatl?

gipfel erweist sich aber das Ungeheuer als friedlicher Pflanzenfresser, nachdem es das Totenopfer nicht angenommen hatte – Mutter riss einem vorbeifliegenden Vogel mal ebenso den Kopf ab … wird mit ins Lager genommen und in einer Höhle eingesperrt. Sie verheimlicht aber, dass es sich hier um ihr anderes Kind handelt. Später wird die Schlange die Früchte Des Baums verschlingen und auch diesen selbst! Und so sich zu einer Waffe verwandeln. Wieder eine Metamorphose.
Retardierendes Moment: Marcus vollzieht mit einem mechanischen Aufzug einen Abstieg in die Unterwelt.[7] In einer Höhle findet er ein mumifiziertes Wesen, das, irgendwie durch Technologie in der Romulus-Zahn-Reliquie wieder zum Leben erweckt, ihn angreift. In den Sachen dieses Wesens (auch eine veränderte Menschenform?) fand Marcus eine vollständige (Spiel)Karte, die schon lange gesucht wurde. Anmerkung: Romulus und Remus wurden der Sage nach von einer Wölfin gesäugt.[8] Hier übernehmen diese Rolle Androiden, die auch sonst in der „Alien"-Reihe von zentraler Bedeutung sind.
Mutter lockt die Schlange durch die Atmosphäre ins All; und dann findet vor kosmischer Kulisse ein apokalyptischer Drachenkampf statt.[9] Mutter verändert sich von einer digitalen Maria (virtuelle Empfängnis) zu einem technologisch aufgerüsteten Erzengel Michael. Die Schlange sucht deren Milchdrüsen, die Mutter aber schon längst hat versiegeln lassen. Sie vernichtet ihr Kind/das Tier (?), was auf die Erde stürzt; aus seinen Resten wächst wieder Der verschlungene Baum. Durch diesen Kampf schlägt nun das Klima um. Es beginnt zu schneien. *Paradise lost*?
Sue, um ihren vermeintlichen Sohn Paul zu retten, wandelt sich von einer Atheistin zu einer Gläubigen, die anfängt zu beten und Stimmen hört: sie möge den Samen wachsen lassen. Sei das Sol?, der zu ihr spreche, eine Sonnengottheit, stark verehrt im römischen Reich (z.B. in der Zeit Konstantins des Großen). Sie singt, mit Paul und Marcus aus der Basis geflohen, nachts ein Lied, durch das sich eine Box öffnet, die, von Paul gefunden, vorher zu öffnen unmöglich schien. Sue nimmt daraus einen Samen, der durch ihre Handfläche dringt: sie fängt an, in der Erde zu graben. Am nächsten Morgen suchen Marcus und Paul sie, finden

7 Siehe dazu Aeneis VI.
8 Siehe dazu Livius: Ab urbe condita I, 4
9 Vgl. dazu Apokalypse 12.

aber nur einen neuen Baum, von dessen Früchten sie begeistert essen. Marcus hört im Baum, dessen Oberfläche wie Adern pulsiert, einen Herzschlag. Siehe dazu Ovid, Metamorphosen, 4. Buch, Vers 554: Die vor Apoll fliehende Daphne wird in einen Lorbeerbaum verwandelt, Übersetzung von mir: Der Gott „fühlt, dass ihr Herz immer noch unter der neuen Rinde zittert." Schockierend: über Funk bittet Sues Stimme darum, verbrannt zu werden. Ihren Mann befällt eine entsetzliche Erkenntnis, er will das Holz verbrennen, doch dann kommt die Schlange angeflogen und verschlingt Den Baum und verwandelt sich. Irrrrre … Diese ständigen genetischen Re- und Neo-Kombinationen sind schon seit „Prometheus" ein vertrautes narratives Stilmuster.

Die von Marcus im Höhlensystem gefundene Karte/Tafel enthält ein Hologramm, das Vater abspielt, um die Kinder zu warnen – und was sehr an das anfängliche Selbstopfer in „Prometheus" erinnert. Schwarze, mönchsartig vermummte Gestalten umrunden eine Versuchsperson, die einen Samen hält, der in ihre Hand einwächst, sie gräbt sich in die Erde – und dann wird es unerträglich grausam. Schreie … Am Ende ein Baum. Die Schlussfolgerung: So war auch das Schicksal von Sue. Gruselig. Diese Magier, so nenne ich sie, hatten schon auch in einer Vision von Mutter (am Ende von Staffel 1) einen geometrischen Körper rituell-liturgisch (?) umrundet, aus dem ein Kopf herausragt. Dieser erweist sich als ein Raumfahrerhelm, den Mutter in ihrer Geburtshöhle entdeckt, der große Ähnlichkeiten mit denen aus „Prometheus" und „Alien" hat und in dem sich ein menschlicher Schädel (oder der eines Androiden?) befindet.

Das war nur ein grober, kurzer Einblick (… ich habe so die ersten 10 % angetippt) in eine geniale, abgründig dämonische, verstörend brillante Serie, mit Bildern, die eingerahmt und in ein Museum gehören.[10] Eine Serie, die nach der 2. Staffel abgesetzt wurde. Der hermeneutische Anspruch war vermutlich zu hoch. Und der Mensch? Von seinem eingebildeten Thron in die Tiefe der Bedeutungslosigkeit gestürzt, ein Statist, ein Experiment auf dem Hintergrund eines kosmischen Dramas, das sich jeder Verstehbarkeit entzieht, und was nur aus Hilflosigkeit mit Religion und Magie gedeutet werden kann. Die Schöpfer/Magier

[10] Das Buch von K. Ammi: Raised By Wolves: War of the World-Views (2020) entfaltet anhand von vielen ausgewählten Film-Bildern seine (nicht unproblematischen) Analysen.

und ihre Intentionen unerreichbar entzogen; von Androiden gehütet das dumme, brutale Schäflein Mensch. *Agnus Dei*? Damit beginnt „Alien³". Die Anspielungen auf die Paradiesgeschichte sind offensichtlich. Man könnte hier intertextuell von Post- und Prätext sprechen, mythopoetischer Rezeptionsgeschichte usw. Oder andersherum: vielleicht sind die Ereignisse in „Raised by Wolves" Versuche, zu erklären, wie es zu den kollektiven Archetypen (ich hänge mich da weit aus dem Fenster ...) von Adam und Eva, der Schlange im Paradies, Romulus und Remus, Ovids Metamorphosen, Lebensbaum-Motiven usw. gekommen sein könnte. Hier tun sich Abgründe auf. Wir sind nur eine Geschichte in einer anderen Geschichte in einer anderen *ad infinitum*.[11]

II
Interludium

Das hat Ich geschrieben – aber was wäre, wenn dies auch eine KI/ein Androide von sich sagte: Ich habe diesen Essay geschrieben? Oder eine KI/eine Androidin, die einen Menschen erfände, der glauben würde, er wäre Ich.

III
„Avatar 2" (James Cameron)

Wie viele Jahre wurde an diesem Film gearbeitet? „Avatar 1" erschien 2009. Was wird am Ende die Reihe gekostet haben? Drei- oder gar vierstellige Millionenbeträge? Egal, die Kasse brummt. Inhalt: Böse Menschen kommen von der kaputten Erde nach Pandora, wollen dort auch alles kaputt machen; und das führt zu einem Familiendrama. So die über drei Stunden gehende Erzählzeit im Kino zusammengefasst. Wir zerstören hier unsere Riffe, während der *worldmaker* Cameron mit viel Geld neue Meere fern von unserer Welt digital und höchst gewinnträchtig kreiert. Doch die wie besessen perfekt konstruierten und choreographierten Bilder lassen keinen Platz für meine eigene freie Imagination. Wieder kolonisierende Raumschiffe und Menschen mit

[11] Vgl. dazu das Zeitkonzept in Th. Mann: Joseph und seine Brüder.

ihrer Vernichtungstechnologie; die bekannten Wälder von Pandora werden nun durch Meereswelten ergänzt.[12] Toll, verschiedene Ökosysteme. Ausbaufähig in den Sequels. Und ich musste schmunzeln, da haben wir sie ja alle wieder, die guten alten Bekannten aus der Urzeit, nur in Variation: die Panzerfische und Plesiosaurier. Und auch die Wale von heute und nun ja, große fliegende Fische, durchaus bekannt aus der Serie „Die Zukunft ist wild" (2002), welche mögliche zukünftige Evolutionsszenarien durchspielt. Und dann gibt es noch Engel, ungeklärte Elternschaften (Messias- und Jesus-Figuren?), ständige Suche nach Identitäten (was auch immer das sein mag, *oh, ich bin blau, habe aber fünf Finger, mein Feind ist plötzlich auch blau* usw.), die Wiederkehr der handelsüblichen Bösewichter – Klonen sei Dank –, dazu etwas „Moby-Dick" und einen Hauch „Titanic". Cameron zitiert sich gerne selbst. Bis in Details hinein.

Alles muss gezeigt, alles auserzählt werden. Wie anders „Abyss", „Aliens" oder „True Lies". Im Vergleich zu „Avatar 2" scheint mir selbst „Terminator" ein narratives Meisterwerk (inklusive Spannung) zu sein. Die Textzeilen der Schwarzenegger-Killermaschine wirken gegenüber den low-level-pseudo-öko-wellness-Betroffenheits-Dialogen aus dem neuen digitalen Feuerwerk wie Minimalart. Und wenn der Tulkun-Fänger vor der Jagd auffordert, Geld zu machen, entspricht das genau der Anlage des Filmes auf Fortsetzungen.

Zuerst die bedrohten Wälder von Pandora. Der Einbruch der Dämonen/Himmelsmenschen mit ihrer Raumflottenarmada ist einfach nur apokalyptisch, der Widerstand dagegen zwar heroisch, aber irgendwie hilflos. Zudem werden gute Verklammerungen zum Vorgänger-Film geschaffen, neue Charaktere etabliert (die sich aber kaum verändern …). Cameron zelebriert selbst mit seinem digitalen Overkill, was die Welt-im-Film kritisiert, nämlich die instrumentelle Vernunft. Kurz: Technik kollidiert mit Natur. Dennoch, die Unterwassersequenzen sind zum Träumen und zauberhaft. Und generieren das Gefühl von Harmonie. Das Zusammengehören aller Geschöpfe, markant in der geschwisterlichen Seelenverbindung zwischen dem Metkayina-Clan und der

---

[12] Zum Nach-Schauen: T. Bennett: The Art of Avatar. The Way of Water, Penguin Random House 2022.

Tulkun-Herde. Die Jagd, eine „Moby-Dick“-Imitation (Der umgekehrte Kapitän Ahab ist nun ein Tulkun …), auf diese hochintelligenten, fühlenden, philosophierenden und komponierenden Wesen gehört zum Fürchterlichsten, weil sie an den Walfang auf der Erde erinnert. Diese Jagd – mit allen technischen Mitteln – ist eine gut durchdachte Choreographie der Vernichtung. Die Tulkuns werden zu einer Ressource degradiert. Man ist an einer besonderen Substanz in ihrem Innern interessiert – sonst sei an ihnen nichts wertvoll –, genannt „amrita“ (wenn ich das so im Kino richtig verstanden habe), denn das bringe so richtig Kohle, weil es den Alterungsprozess der Menschen aufhalte. „amrita“ kommt aus dem Sanskrit und bedeutet: „unsterblich.“ Das erinnert an die fast vollständige Ausrottung der Pottwale unter anderem wegen ihres Ambras. Am Ende Familienglück. Schön.

IV

„Raised by wolves“ scheint mir für eine kleine Serie viel zu groß; epische Science Fiction, kosmischer Horror: In der Höhle hört niemand Mutter schreien. Gigantisch, gefährlich. Ein Ozean voller Abgründe, eine Tiefsee der Alpträume. „Avatar 2“? Zu klein für den großen Anspruch dahinter. Ein digitaler Sturm im aufgehübschten Goldfischglas.

DVD: Raised by Wolves. Staffel 1 und 2 (WB + © 2020 bzw. 2022 Turner Network Television)

Zum Weiterlesen

Markus Pohlmeyer: „Prometheus“ – der neue Alien-Film von Ridley Scott. Ein Essay, in: http://culturmag.de/crimemag/markus-pohlmeyer-uber-%E2%80%9Epromotheus/55900, Zugriff: 21.08.2012

Markus Pohlmeyer: Alien: Covenant – Schwanengesang. Ein Essay, in: http://culturmag.de/crimemag/essay-markus-pohlmeyer-alien-covenant-schwanengesang/101808, Zugriff am 16.6.2017

Isabelle Huppert – eine Künstlerin mit berauschenden Talenten. Ein Essay

Eine besorgte Stimme aus meinem Umfeld:
„Du musst aufhören, diese Filme zu sehen.
Du kannst ja nachts nicht mehr schlafen.“

Sie isst Erde.

… all das wäre nicht lebbar: „Madame Bovary“, „Die Kameliendame“, „ma mère“, „Die Klavierspielerin“ … denn sonst ginge die Welt in Flammen auf. Aber vielleicht brennt diese ja schon lichterloh, und Isabelle Huppert (geb. 16.3.1953) verdrängt das nicht, tabuisiert nichts, wird zu all dem, indem sie es uns als *magistra* furchtlos, schonungslos, erbarmungslos zeigt. – Und erklärt? Wir sind ihr Auditorium. Doch unvermittelt sehen wir selbst uns auf die Bühne gestellt und sie schaut uns zu: eiskalt, verlangend, bisweilen mit der Gnade eines Lächelns, das sie gütigst, überlegen und ironisch auf den Marmor ihres Gesichtes zeichnet. Isabelle Huppert ist wie ein wunderschöner Dornenbusch, den zu berühren unsere Seelen verletzt, der in Flammen steht, ohne zu verbrennen, und der uns immer mitverbrennen kann.[1]

Zeit: Irgendwann im Januar. Zustand: Pandemiebedingte Isolation, Besuch von einem miesen-kleinen-dreckigen Virus bekommen. Ort: Flensburg; gefühlte Lage: kurz unter dem Polarkreis oder auf dem Pluto. Ich sah die Sonne in den letzten zwei Wochen sogar für eine halbe Stunde und keine Menschen mehr. Regen, Nebel, Kälte. Dunkelheit. Da dachte ich mir *Mensch Markus, Michael Haneke der ist immer beeindruckend*, und „Die Klavierspielerin“ (2001, nach der Roman-Vorlage von Elfriede Jelinek) hatte ich noch nicht gesehen. ■■■■■■■■■■■■■■■■ Allerspätestens, als sie (Isabelle Huppert) am Ende mit dem Messer sich … Regen, Nebel, Kälte. Dunkelheit. Vollkommen verstört: von Ach-guck-ma-dat-gibt's-Auch bis Jetzt-bist-du-komplett-draußen. Finis. Ende. Fin. Aus.

---

[1] Siehe dazu Isabelle Huppert: La femme aux portraits. Elfriede Jelinek, Patrice Chéreau, Susan Sontag. Préfcace de Serge Toubiana, Paris 2005.

Neustart mit Huppert, und das schien nun wirklich unfallfrei: „Ein wunderbarer Sommerfilm“ – so die beruhigende Verheißung des Covers von „Alles was kommt“.[2] Nathalie, Philosophielehrerin, wird von ihrem Mann wegen einer jüngeren Frau verlassen, der Verlag möchte ihre Philosophiereihe bunter und ihr Lehrbuch didaktischer gestalten und überhaupt, ihr Lieblingsschüler hat eine Freundin und lebt Ideale, die ihr verloren gingen, dann stirbt ihre Mutter, dann gibt sie auch noch deren Katze weg. Stimmen. Zum Schluss sieht man sie ihr Enkelkind wiegen. Nur kurz. Dann Blick ins leere Wohnzimmer. Finis. Ende. Fin. Aus. ■■■■■■■■■■■■■■■■■

Alles, was kommen mag und uns fast erschlägt: Nathalie hatte für mich viele Ähnlichkeiten mit Griselda aus der letzten Novelle von Boccaccios „Decameron“ – einer Frau, die Unsägliches von ihrem schwachen, unsicheren Ehemann erdulden muss, eine ständige Mischung aus Erniedrigungen und seelischer Folter. Und was sie alles dulden muss: er simuliert sogar den Tod ihrer Kinder. Kurt Flasch stellt Aspekte der problematischen Rezeptionsgeschichte dieses Textes (Gattung?) zusammen – und: „Die Griselda-Phantasien der Psychoanalytiker mögen zu deren Befriedigung gedient haben; zum Verständnis Boccaccios tragen sie kaum etwas bei.“[3] Nach Flasch sei die Novelle „[…] ein Anti-Exempel, das zu verstehen gibt, daß es wohl nie wieder vorkommt, daß ein verrückt agierender, grausamer Mann mit einer stoischen Weisen zusammentrifft, die ihn zu allem Überfluß auch noch liebt.“[4] Griselda wirkt im Grunde wie eine Personifikation der (antiken) Philosophie, und nicht von theoretischer Art, sondern als Lebenshaltung und -gestaltung; sie lebt vor, was Philosophie gegenüber den Launen von *Fortuna* zu leisten vermag: „Griselda ist eine abstrakte Figur, weil sie ein ethisches Konzept repräsentiert, nämlich die stoische *constantia animi*. Sie ist eine Leitfigur der Stoa-Rezeption des frühen Humanismus.“[5] Bei Boccaccio gibt es ein versöhnliches Ende; im Film läuft alles in

---

2 Alle direkten und indirekten Zitate aus den DVDs „Mein liebster Alptraum“ © 2012 CONCORDE und ALLES WAS KOMMT © 2017 WELTKINO.

3 K. Flasch: Vernunft und Vergnügen. Liebesgeschichten aus dem Decameron, München 2002, 232.

4 Flasch: Vernunft (s. Anm. 3), 239.

5 Flasch: Vernunft (s. Anm. 3), 249.

eine Leere hinein. Essen, Fortpflanzung, scheiternde Beziehungen – das ist Reduktion und keine Anthropologie mehr. Während Nathalie – eine Personifikation (post)moderner Philosophie? – schlafend auf einer Parkwiese liegt … die schlafende Psyche?, nein, Amor erlöst sie nicht … vielmehr weht ein Windhauch, *alles sei Windhauch, Buch Prediger*, weht ein Wind ihr Manuskript davon, dessen Blätter von einer Jüngeren aufgesammelt werden. Dann sie in einer wunderbaren Wald- und Gebirgslandschaft: solche Erhabenheit und Schönheit lassen uns nur bedeutungslos zurück – oder doch versöhnt? Dann sie in ihrer Klasse, über Rousseau und Julie dozierend, wie beiläufig: *Wirklichkeit durch Träumen ersetzen, Abwesenheit des geliebten Menschen kompensieren durch Phantasie* usw. Schnitt. Sie lässt immer los, in Gleichmut, ihr Gesicht von gläserner Härte, verbittert und transparent für ihre zerbrechliche, zerbrechbare, zerbrochene Seele, die nie zerbricht. Das lässt sie als stoisches und postmodernes Patchworkwesen nicht zu – genauso wenig wie es Griselda tat. Philosophie scheint keine Frage von Epochen. Die Welt war/ist/wird zersplittert in Vielheiten, Vergänglichkeiten, alle gesellschaftlichen Konstrukte und Lügen erodieren dadurch, neue Zersplitterungen in Ambiguitäten, Alternativen und Schmerzen. Oder Chancen. Wenn Nathalie auflacht, wenn sie einmal lächelt, dann wie lachende Kälte über sich und die Menschen, in Verständnis, Verständnislosigkeit und … Verzeihen. Alle Philosophie? Und all die Autoritäten wie Schopenhauer und Adorno? Nur Zitatoberflächen? Unser Lieben und Leben? Nur ein Sehnen und Wünschen in Imaginationen, Fiktionen und Texten? Und genau nur dort lebbar, weil eben nur dort echter und realer? Nach dem Film: Was mache *ich* eigentlich an der Universität und was in meinem Schreiben? Abends, ich zog mir dann in Melancholie die Bettdecke über die Nasenspitze. Es geht doch nichts über *wunderbare Sommerfilme*, mitten in einer Winternacht …

„Die Klavierspielerin“: Die Pianistin Erika kann nur ihr Leben in und durch Musik leben oder in einem Sexshop, als urinierende Voyeurin, wenn sie ein Pärchen beim Sex im Auto beobachtet – eine Träne fließt dabei über ihr Gesicht, so unscheinbar, all ihren Schmerz und ihre Sehnsucht versammelnd. Oder wenn sie sich selbst verletzt, eingeschlossen im Badezimmer. Ausgeschlossen die Welt; nur die Kamera ist Zeuge dieser zerstörerischen Intimität. Eine erwachsene Frau, die wie ein kleines Kind mit ihrer alles dominierenden Mutter zusammenlebt, gibt diese Dominanz an ihre Schüler und Schülerinnen gnadenlos weiter. Dort, in der Musik ist sie eine Dominante. Die andere quält. Bis ein Riss entsteht. Und wenn sie – verletzend und schließlich verletzbar – endlich ihre erotischen und sexuellen (SM-)Phantasien ausleben kann und will, scheitert sie an sich und dem Gegenüber, das sie nicht als Andersheit verstehen kann,[6] stürzt ab, eine fürchterliche Katastrophe geschieht; entsetzliche, ungebremste Gewalt – in kaum auszuhaltender Abgründigkeit und Ambiguität, die ausgehalten werden müssen, weil der Film das verlangt. Es ist so, ist doch nicht so, und dies zugleich. Erika übermittelte ihre (auto-destruktiven) Phantasien per Brief an ihren potentiellen Liebhaber, der sie ihr vorlesen muss: diese Szenen dann mit fast keiner Reaktion von ihr, als würden die verschriftlichten Phantasien von ihr an ihr, einer undurchdringlichen Mauer, abprallen, als wäre nicht sie die Verfasserin, als hätte sie alles unter Kontrolle. Vielleicht sitzt dem Adressaten gegenüber keine geheimnisvolle Schönheit, sondern nur eine grenzenlose Leere? Ambiguität und Abgrund. Ein junger Mann also, der zu ihrem Vernichtungs- oder Wunscherfüllungswerkzeug mutieren soll: doch die Übertragung/Übersetzung von Träumen und Phantasie in Schrift und Körperlichkeit ist bisweilen wortwörtlich zum Kotzen. Und als sie zum Schluss sich ein Messer … das für eine mögliche Rache gedacht wäre, sie richtet es gegen sich selbst. Eine blutende Schönheit verlässt geschunden die Musik, das Publikum, das Konzerthaus. Wohin geht sie? Nach Hause, zu ihrer Mutter? Hier endete der Film. Okay, heute Abend kein Schubert, ich drücke mich schon sehr, sehr lange vor der „Winterreise".

In „Eine Frau mit berauschenden Talenten", einer rabenschwarzen Komödie, entfaltet Huppert durch die Figur der Patience (patientia, lat. = Duldsamkeit, Leidensfähigkeit) ein alter Ego. Aber: diese dunkle, kriminelle Seite ihrer Vergangenheit und ihrer Persönlichkeit, das sind ihr wahres Wesen; und jene, noch ferne, verborgene Dämonie kann sie nur in einer skurrilen Maskerade ‚veröffentlichen'. Ohne jegliche moralische Wertung interessiert sie sich als maskierte Drogen-Diva nur

[6] Ein ambiger Satz: „das" und „sie" können sowohl Subjekt als auch Akkusativobjekt sein.

für Geld, und nicht für das, was Rauschmittel anrichten. Ursprünglich Dolmetscherin für die Polizei, setzt sie ihre Arabisch-Kenntnisse wie eine Waffe ein, baut sprachliche Labyrinthe und Mauern, hinter welche die Polizei nicht gelangen kann, und dirigiert ihre zwei Dealer und die üblichen Gangster wie Hampelmänner durch die (Stadt)Landschaft. Ein unscheinbares Persönchen bei der Polizei, immer in Geldnöten, und gleichzeitig Mega-Dealerin mit Geldwäscheproblemen: Die gute wie die böse Männerwelt unterschätzt ihre Intelligenz – mit bisweilen tödlichen Folgen. Für einen Moment hält sie inne, beim Entsorgen ihrer Verkleidung, die sie am Ende aber nicht mehr benötigen wird …
Isabelle Huppert spielt verschiedene Frauen, und es scheint, als ob Isabelle Huppert auch von verschiedenen Frauen gespielt würde. Masken und Maskeraden: sie wirkt fluide, eine Chimäre, in ständiger Metamorphose. Isabelle Huppert tabuisiert nicht, sondern zeigt – und das verlangt oft von den Rezipierenden eine eigene, zumindest versuchsweise, verstehende Rekonstruktionsleistung, als ob Puzzles oder Fragmente zusammengesetzt werden müssten, die sich aber alles andere als stabil erweisen. Die reale Isabelle Huppert? Privat scheint wenig von ihr bekannt, das hat auch keine Bedeutung, denn sie schuf ein Gesamtkunstwerk – eine implizite Isabelle Huppert, – sie ist das (nicht). Hupperts Figuren werden geschlagen, und sie schlägt buchstäblich zurück, unvermittelt, motiviert. Selbst ihre Ausbrüche und Ekstasen werden dirigiert von der Illusion einer absoluten Kontrolle, die vom Un(ter)bewußten immer wieder ad absurdum geführt wird. Sie erhält nie, wonach sich ihr Herz sehnt, zumindest nicht in den Tragödien. In „ma mère" spielt sie eine alternde Prostituierte, die ihr Begehren und Begehrtwerden verliert und kurz vor der Katastrophe Erde isst. *Adam*, hebräisch der vom Ackerboden genommene Mensch. Staub zu Staub.

„As a performer, you don't have any shame because you make things into metaphors in order to give shape to whatever it is you are playing. As a performer, shame doesn't exist."[7]

---

7 I. Huppert, in: Hugo Huerta Martin: Portrait of an Artist. Conversations with Trailblazing Creative Women, München – London – New York 2021, 362.

„Stephen Colbert: You've done other bold roles where you played an incestuous mother, you played a piano teacher who's into S&M and selfmutilation … Have you ever wanted to do a-
Isabelle Huppert: A normal film?
Stephen Colbert: A pure, what we would call ‚a popcorn film.'
Isabelle Huppert: Why not?
Stephen Colbert: That is- just like a special effects action film, like one oft he *Transformer* films or something like that.
Isabelle Huppert: Yes, ah- oui oui, sure.
Stephen Colbert: Would you like to play a car that transforms into a robot that fights?
Isabelle Huppert: Yes!"[8]

Doch in „Ein Chanson für dich" erlebt sie, eine alternde Sängerin, ein Comeback – mit Hilfe eines jungen Mannes, der sie niemals aufgibt, der sie aus ihrem öden, sich wiederholenden Alltag erlöst: trostloser wurde kaum je die Arbeit in einer Pasteten-Fabrik dargestellt. Sie versucht eine Wiederholung ihrer Vergangenheit, steht wieder auf dem Gipfel ihres alten Ruhms. Doch der, der immer wieder den Reißverschluss ihres Kleides schloss, weil sie es nicht konnte, dieser unverbesserliche Idealist, ihn stößt sie weg; und stürzt von der Bühne, stürzt ab; stößt ihn im Krankenhaus wieder von sich. Aber dieser Kerl geht einfach nicht. Altersunterschied? Bedeutungslos. Die Liebe kann alles – frei nach Vergil und Ovid. Rührend, einfach nur berührend der Schluss. Als weitere Komödie schier unglaublich: „Mein liebster Alptraum" – Isabelle Huppert eine Dame der hohen Gesellschaft (Klischee ☺), verklemmt, arrogant, gnadenlos; er, freischaffender Handwerker (Klischee ☺), totaler Versager und Prolet ersten Ranges, nach eigenem Bekenntnis Kenner von Nutten. Wie diese Welten aufeinander prallen: Er steht plötzlich baumaßnahmenmäßig in ihrer Wohnung, reißt fast alles ein, besetzt ihre Welt und ihr elitäres, blödes Kunstmuseum; sie kollidieren rhetorisch wie Eisberge und Kontinentalplatten in Höchstgeschwindigkeit; Wortgefechte und peinliche Situationen ohne Ende;

[8] N. Rees-Roberts – D. Waldron: Isabelle Huppert. *Stardom, Performance, Authorship*, Bloomsbury Academic 2022, 207.

beide landen miteinander im Bett und in einer Scheinehe. Er hat einen genialen Sohn, sie attestiert ihm schonungslos seinen Beitrag dazu, er habe ja nur ejakuliert. So viel zum Thema Patriarchat. Und da gibt es eine Szene, wo sie ihn dringend sucht und schließlich in der Waschanlage seines Bruders strandet. Lautstarke Bummbämm-Musik fängt an zu hämmern und leicht-bekleidete Damen beginnen, aufreizend ihr Auto zu waschen. Und sie? Unbeweglich, versteinert: eine griechische Statue, eine Nemesis, eine Göttin des Todes und des Zornes, drohend wie die Apokalypse über ihren Geliebten hereinzubrechen. Das Publikum befürchtete bangend und lachend das Schlimmste … Die Ehe hält nicht. Trennung. Und in dieser Zeit der Entfernung ändern sich beide; auch wenn der andere, die andere nicht da sind, fangen sie an, aufeinander zu hören, sich zu verstehen, ihr Leben zu ändern, ohne dass es das Gegenüber schon weiß, und so finden sie sich wieder. In einem dunklen Raum ihres Kunstmuseums, sehr intim, wo ein wertvolles Kunstwerk hängt, das sie ihm zur Hochzeit schenkte und das er aber dann im Suff komplett versaut hat. Also, ich meine wirklich ‚versaut'. (Ganz, ganz böser Kommentar zur sog. modernen sog. Kunst.) Nun, in diesem dunklen Raum nur sie beide, keine Welt mehr, keine Gesellschaft mehr, nur sie beide, und hier der letzte Dialog, wobei Huppert, schon die ganze Zeit super frech, ihr Lächeln, ihre Ironie, ihre Überlegenheit kaum noch bremsen kann …
ER: „Ich weiß nicht, ob ich Sie besser fand, als Sie etwas verklemmter waren."
SIE: „He Sie, halt deine Schnauze!" (Kuß.)

PS
Das ist nicht mehr nötig ■■■■■■■■■■■■■■■■■. Oder?

Isabelle Huppert (II)

1 Weiß wie Schnee

Ist das ein Krimi? Eine Märchen-Adaption? Eine Erotik-Komödie? Also, in diesem Film sterben: eine brillante französische Schauspielerin, eine zweitklassige Auftragskillerin und ein unschuldiges Eichhörnchen.

Handlung, frei nach dem bekannten Märchen: Maud (I. Huppert), eine Hotelbesitzerin/-managerin (?), von Eifersucht zerfressen, versucht, Claire, ihre wunderschöne Stieftochter, ein Dienstmädchen, nun ja, aus ihrer Beziehungsgestaltung zu entfernen. Überall verteilt der Film ikonographisch märchenhafte Motive mit Grimm: in die Handlung eingelagert, oft aber auch nur als Dekoration und Variation. Eine von der bösen, bösen Stiefmutter angeheuerte Auftragskillerin entführt Claire, will sie im Wald töten, wird dabei aber selbst von einem Jäger erschossen. Auftritt ‚Zwerg' Nr. 1. Der hat einen Zwillingsbruder: Nr. 2. Sie leben mit einem Cellisten (Nr. 3) zusammen, der regelmäßig mit seinem Hund „Tschernobyl" zu einem Tierarzt (Nr. 4) gehen muss. Da geht voll die Projektion von Mensch auf Hund ab. Dann noch ein unaufdringlich aufdringlicher Buchhändler (Nr. 5), sein Karate treibender Sohn (Nr. 6) und ein motorradfahrender Priester (Nr. 7). Claire entfaltet eine Wirkung als Erlöserin und Therapeutin: sie befreit von sexueller Verklemmung, schenkt Annahme und Verständnis. Und sie wird zufällig oder absichtlich immer wieder von ihren Männern/Zwergen gerettet, weil sie nicht zu sehen vermag, was ihre Stiefmutter plant. Claire entdeckt sich und ihre Leidenschaften; sie fängt wieder an, Violine zu spielen (das hatte sie nach dem Tod ihrer Mutter aufgeben). Einfach „kosmisch", wenn sie den Cellisten zu Bachs Präludium aus der 1. Cello-Suite begleitet. Da setzt der Film aus und schwebt auf einer anderen Umlaufbahn. Wenn diese Musik beginnt, sind zuerst abendliche Berggipfel zu sehen, dann die zwei Musizierenden – das ist ihre Art, sich zu vereinigen. Ein Hauch von Pathos und Kosmos.

Huppert dagegen dämonisch, unaufhaltsam, kontrollbesessen. Doch dann schlägt der Zufall zurück: Als sie bei einer Autofahrt Claire in ein Tal stürzen will – der Film spielt in einem Bergdorf –, kommen zufällig Motorrad und Priester vorbei. Weiter, bei einem Picknick soll Claire endlich einen vergifteten Apfel verspeisen. Ein Streit eskaliert, der Apfel wird weggeworfen, ein Eichhörnchen, daran knabbernd, kippt tot um. Dann, bei einer Party ein vergiftetes Weinglas, das Maud aber zufällig aus der Hand geschlagen wird. Und schon folgt der nächste vergiftete Drink. Jetzt, ein gespenstischer Totentanz, den nun beide aufführen. Maud bringt Claire, die zusehends kollabiert, nach Hause; doch während der Fahrt wirft sie ihre Stieftochter aus dem Auto, einen Hang hinab. Dann, in einer Kirche kniet Maud vor einer Marienstatue, zündet eine Kerze an; doch zufällig fängt ihr Umhang Feuer, sie geht rasend schnell in Flammen auf. Gottes Strafe? Claire erwacht in einem Krankenhaus, zärtlich berührt, zärtlich geküsst von ihren sieben Männern/ Zwergen.

Und wie der Pfarrer Claire mahnend erklärt, der Teufel komme in anderen Masken. Geradezu exzessiv oft schminkt sich Huppert in diesem Film mit Lippenstift. Und viel Erotik: Sex im Freien, dann aus Versehen Sex mit dem Zwillingsbruder (die klassische Verwechselungskomödie; im Hintergrund läuft im Fernsehen ein schräger Samurai-Film), Sex im regenassen Wald und auch in einem Auto. Dabei schaut erst ein Eichhörnchen zu, dann drei (Spanner?). Und dann, wie erwähnt, wurde noch ein gewisses Eichhörnchen beim Picknick mit in diese Eifersuchtstragödie hineingezogen. Alle werden es wissen, nur Schneewittchen nicht: dieser Apfel und diese Stiefmutter sind absolut toxisch.

DVD: Weiß wie Schnee © TIBERIUS FILM 2020, München

2 Home

Ungewöhnlich das Szenario – anfänglich wie der Aufbau eines Experiments: eine fünfköpfige Familie lebt an einer stillgelegten Autobahn. Hat ihre Rhythmen und Riten, ihre Freiheit und eine kleine Idylle. Lieber, ruppiger, unkomplizierter Umgang miteinander. Charmante Utopie. Das Bad als familiäre Kommandozentrale, der zu bauende Pool als ewiges Projekt und Sehnsuchtsort, die sich ständig sonnenbadende Tochter. Alles gut. Bis die Autobahn geöffnet wird. Lärm und Müll brechen über die Familie herein. Das Überqueren der Straße, wenn sie ihr Haus erreichen wollen, erweist sich nun als hochgefährlich. Irgendetwas kommt auf sie zu, bricht herein, was kaum abzuwenden scheint. Die technisierte, beschleunigte, instrumentelle usw. Moderne mit ihrem Müll und Lärm. Und natürlich Stress im Stau, mit dem Stau. Der Vater will daher ausziehen, die Mutter nicht, dreht wie wild durch. Die einzigen Szenen, in denen Huppert aggressiv und exzentrisch agiert – und so deutlich macht, wer das wirkliche Zentrum ist. Sie bleiben. Mauern sich buchstäblich ein, um sich von dem Anderen, Bedrohlichen abzuschotten. Bis kein Lärm mehr in die Wohnungen dringen kann, aber auch keine Luft mehr. Die älteste Tochter hat schon längst die Familie resigniert verlassen, kommt aber später via Autobahn noch einmal zurück – ungesehen, denn sie kann ja gar nicht mehr in das Haus gehen, zu ihrer Familie, weil alles zugemauert. Doch die Wohnung versinkt langsam in Verstummen, Schlaf und Müll. Am Ende, kurz vor dem physischen Aus, zerschlägt die Mutter eine Wand: Befreiung durch Luft und Licht. Sie hat ihre Weigerung, Veränderung zu akzeptieren, aufgegeben: andernfalls würde sie ihre Familie vernichten. Die Beinahe-Zerstörung dieser Gemeinschaft durch eine zwanghaft eingeforderte Wiederkehr des Alltäglichen und Immer-Gleichen wird geradezu lebensbedrohlich durch ein ungeahnte, abrupte Transformation des Gewohnten, die eine destruktive Dynamik nach Innen und im Innern auslöst. So entsteht eine seltsame Mischung aus Liebe, Verteidigung, Verlustangst, Hilflosigkeit, Absurdität, Sich-Einmauern und Sich-Befreien. Die Jugendlichen spielen phantastisch. Huppert in ihrer Rolle nicht übergroß, sondern ein Teil jener Familie, die ihr alles bedeutet – bis an die Grenze. Krach, Müll, Stau, gestresste Menschen: ein nachdenklicher Film über das, was Verkehr mit unserer Seelenlandschaft machen kann. Und über Verdrängung und eben jene Verweigerung, Veränderung zu gestalten.

Irgendwann war die älteste Tochter weg, niemand suchte sie. Unheimlich. Und wie der kleine Junge am Anfang mit seinem Fahrrad über die geradezu postapokalyptisch leere Autobahn düst: Relikte aus der Welt ferner Menschen, die nun dem Genuss von Freiheit dienen. Mir ist klar geworden, wie Autobahnen von Automobilen schlichtweg verstellt werden. (☺)

DVD: Home © 2009 Arsenal Film Verleih GmbH

Graphic Novel

Cixin Liu: Der Dorflehrer (von Zhang Xiaoyu, Bielefeld 2021) – eine Rezension

Mein Schreibtisch wieder einmal übervoll; ich versuche verzweifelt, quasi-archäologisch dessen Grundplatte freizulegen. Aber Freiheit muss sein: Denn da gibt es diese Geschichte, die mich seit langem nicht mehr loslässt (und ich *muss* einfach darüber schreiben …): „Der Dorflehrer“. Hmm, ein sehr seltsamer Science Fiction-Titel. Die graphische Umsetzung in der vorliegenden Graphic Novel, das sei vorausgeschickt, ist phantastisch mit diesem Blick für das Kleine und schier Übergroße, tragisch und traurig, mit Wucht und Flair, ideenreich und einfach nur WOW!

Fange ich an zu blättern – denken Sie an den Titel: auf den ersten Seiten gigantische Szenerien von Raumschiffschlachten. Wie bitte??? Schnitt: Eine ärmliche Gegend in China. Dorflehrer Li setzt intellektuell und materiell alles für seine Schülerschaft ein – bis dahin, dass er von den Dorfbewohnern, die ebenfalls in großer Not vegetieren, aus Wut, Zorn und Unverständnis fast zu Tode geprügelt wird. Im Krankenhaus erfährt er von seinem Tumor, den operieren zu lassen er sich kaum leisten kann. In den letzten Momenten seines Lebens bringt er seiner Klasse Prinzipien der Newtonschen Physik bei.

Dieser Erzählstrang wird immer wieder durch ein anderes Narrativ unterbrochen, z.B. so: „Die Milchstraße. Ein intergalaktischer Krieg zwischen kohlenstoffbasierten und siliziumbasierten Lebewesen.“[1] Unter unfassbar hohen Verlusten gewinnen die Kohlenstoffbasierten und beschließen, die Siliziumbasierten in einer Zone einzuschließen. Da jene für ihre Raumsprünge Sterne benötigen, soll ein stern-freier Korridor geschaffen werden. Fast alle Sonnen in dieser Zone müssten vernichtet werden. Zuvor könne aber noch geprüft werden, ob es auf den betroffenen Planeten intelligentes Leben gebe. Der erste Planet fällt schon einmal durch. Bumm. Dann die Erde. Nun wird – Zufall – die Klasse von Li geprüft. Spannung pur: „Was ist die Energiequelle eines

[1] Cixin Liu: Der Dorflehrer, von Zhang Xiaoyu, Bielefeld 2021 (SPLITTER Verlag), 12 f. Schriftbild von mir geändert (auch in folgenden Zitaten).

Sterns?"[2] Keine Antwort. „In welchem Verhältnis stehen die Seiten eines rechtwinkligen Dreiecks zueinander?" Keine Antwort. Die Singularitätsrakete nähert sich immer mehr der Sonne. Doch der Kommandant, zweifelnd, fragt nun nach Newtons Gesetzen – und die Kinder haben diese ja auswendig gelernt. Die Erde ist gerettet.

Für die Karbonbasierten scheint die Entwicklung einer so hohen Zivilisation unverständlich, gerade was die Art der Informationsvermittlung betrifft, aber: „Vor langer Zeit in der Milchstraße gab es so etwas bereits …" „Man nannte sie …" „... Lehrer."[3] Am Ende von Cixin Lius Geschichte – in der englischen Übersetzung – beerdigen die Schüler Li: „The children walked back to the village […]. They would continue to live. On this ancient, impoverished piece of land they would reap a small but truly substantive hope."[4]

Hier ein mikro-Ereignis, dort ein kosmischer Konflikt, beides dramatisch verklammert. Nun, ein Gedankenexperiment. Voller Tragik: Li sollte nicht mehr erleben, was seine Klasse von ihm gelernt hat. Dieser banale Satz: man wisse nie, wozu etwas gut sei (… und das können wir alle nie im Voraus planen oder wissen. Auch das ist eine Form von Freiheit …). Physikalische Gesetze haben, so die Grundannahme dieser Geschichte, überall im Kosmos Gültigkeit. Und: Wissenschaft kann uns erheben, mögen wir auch noch so armselig sein. Wissenschaft ist *die* Kommunikationsbrücke in den Kosmos hinein.

Bildung *muss* ein Menschrecht für alle Kinder werden.

Und abschließend gilt mein besonderer Dank allen Lehrerinnen und Lehrern, die in der Corona-Krise Großartiges geleistet haben: Hoffnung.

---

2 Dorflehrer (s. Anm. 1), 87.

3 Zitate von Dorflehrer (s. Anm. 1), S. 100-103.

4 Cixin Liu: The Village Schoolteacher, in: The reincarnated Giant, hg. V. Mingwei Song – Theodore Huters, New York 2018, 45-79, hier 79.

Das Meer der (Alb)Träume – zu einer Cixin Liu-Graphic Novel

„Meer der Träume“: diese Geschichte des chinesischen Science Fiction-Autors Cixin Liu war mir noch unbekannt. Und ließ mich nach der ersten Lektüre irritiert zurück. Nun gilt es, dieser Irritation nachzuspüren. Die dramatischen Bilder fangen gut eine Atmosphäre von Faszination, Entsetzen, Monumentalität, Katastrophe und Hoffnung ein. Wunderbar das 4-seitige Panorama, das nur als schön zu beschreiben wäre, wäre es nicht so fürchterlich in den Konsequenzen.

Yan Dong stellt abstrakte Eisskulpturen her, was plötzlich die Aufmerksamkeit eines gigantischen Alien-*Niedertemperaturkünstlers* hervorruft, der ein äußerst radikales ästhetisches Programm vertritt: „Kunst ist das Einzige, was dieser und jeder anderen Welt Wert verleiht.“[1] „Und für mich, ein Wesen der dunklen Materie, sind die Elemente dieses Planeten leicht zu formen, sofern sie kalt sind.“[2] Also beginnt dieser fremdartige Künstler, der in Dong vorerst einen Kollegen sieht, alle Ozeane, alles Wasser der Erde als riesige Eiswürfel in einen Orbit zu transportieren. (Militärische Gegenaktionen scheitern spektakulär und fulminant.) Dort werden sie aufgereiht zu einer funkelnden Kette rhombenartiger Gebilde. Zu sehen ab S. 50 – der graphische Höhepunkt dieses Bandes. (Aber wehe, wenn der Blick sich auf den Vordergrund richten würde, der viele tragische Geschichten zu erzählen hätte.)

Dong, zuerst schlichtweg überwältigt (später wütend): „Wir sollten es Meer der Träume nennen.“[3] Jenes Kunstwerk aber erweist sich als dramatisch ambivalent, denn es kündigt ein mehrfaches Ende unseres Planeten an, weil der Mega-Künstler es nicht zerstören will: die Blöcke würden nämlich in 20 Jahren in einen Kometenschauer übergehen. Ein Alien, das übrigens immer nur über Kunst reden möchte (und damit auch keinen echten Dialog mit Dong zulässt, weil vorher das einzige Thema festgelegt wurde): „Du kannst nicht aufhören, im Trivialen zu

1 Alle direkten und indirekten Zitate aus: Cixin Liu: Meer der Träume, Textadaption: R. Santullo, Zeichnungen v. Jok u.a., SPLITTER, Bielefeld 2021, 8. Schrifttyp von mir geändert.

2 Meer der Träume (s. Anm. 1), S. 27.

3 Meer der Träume (s. Anm. 1), 57.

stochern! Das größte Kunstwerk aller Zeiten liegt direkt vor dir, und du weigerst dich, bedeutsame Gedanken zu äußern."[4] Das fremde Wesen hat kein Gespür für die Überlebensangst der Menschheit; seine Bühne ist der Kosmos: „Ich habe Sterne vernichtet für meine Kunst!"[5] In der Folge Dürre, Wasserknappheit und verzweifelte Menschen, denen es aber gelingen wird, mit einer Raumflotte das kosmische Kunstwerk zu schmelzen. (Die Raumkapseln sehen ein wenig nach *2001* aus.) Dong: „Wenn wir immer zusammenarbeiten würden, wäre nichts unmöglich."[6]

Seiner Heimat entflohen, die im Nichts liege,[7] sucht der *Niedertemperaturkünstler* in einem sinnleeren Universum manisch nach einem Sinn, durch die Produktion von Kunst. Doch sein transhumaner Ansatz entzieht sich menschlichem Verstehen und ruiniert geradezu unsere Welt, indem sie zu Baumaterial degradiert wird. „Nur Kälte ist ewig. Die Schönheit der Kälte ist die einzige Schönheit, die Bestand hat."[8] Was wäre aber Kunst ohne Rezipienten und Dialog? Dongs Einwände gelten nicht: „Eine arme Kreatur, die von leeren Ozeanen, Tod, ökologischem Kollaps und anderen Trivialitäten spricht, statt von Kunst. Das ist kein Künstler."[9] Diese gewaltbesetzte Einseitigkeit macht jedoch das Alien zu einem Fanatiker oder Ideologen. Und nach meinem Dafürhalten keineswegs zu einem Künstler. Wechselseitige Nichtverstehbarkeit; ein Kunstwerk, das nicht versöhnt oder Brücken schlägt, sondern trennt; auf der einen Seite: die vor dem Nichts fliehen, auf der anderen: die um ihre Existenz bangen. Was macht nur das Universum aus uns allen?

Am Ende – es regnet, es schneit wieder – findet Dong einen Eisblock. Spontan macht er sich ans Werk, mit seinen primitiven menschlichen Werkzeugen, während sein junger Sohn lachend die Arme in die Höhe reckt. Wird er seinen Sohn porträtieren? Um ein Künstler zu sein, muss Dong nicht die Erde vernichten. „Meine Kunst ist meine Freizeit …

---

4 Meer der Träume (s. Anm. 1), 59.

5 Meer der Träume (s. Anm. 1), 43.

6 Meer der Träume (s. Anm. 1), 81.

7 Siehe Meer der Träume (s. Anm. 1), 26.

8 Meer der Träume (s. Anm. 1), 28.

9 Meer der Träume (s. Anm. 1), 46.

Ohne Überleben, ohne Leben gibt es keine Kunst."[10] Und ganz banal: die Eisblöcke werden einst wieder geschmolzen sein, nichts ist ewig. Aber dieser kostbare Augenblick mit dem fröhlichen Sohn in einer Winterlandschaft …

Und ist nicht Wasser selbst das Wunder? Flüssig, gefroren und gasförmig. Was wäre unser Planet ohne dieses? Das „Meer der Träume": eine lesenswerte, eine sehenswerte, eine bedenkenswerte Geschichte – selbst ein kleines Kunstwerk.

---

[10] Meer der Träume (s. Anm. 1), 44.

Rezension zu *The Marvel Comics Library. Spider-Man. Vol. 1.*

(1962–1964; David Mandel, Ralph Macchio; Hardcover, 28 x 39,5 cm, 4,83 kg, 698 Seiten, Englisch, TASCHEN)

Dieses Riesenbuch ist ein kleines Schatzkästchen – vor allem mit dem Wunder der ersten Spider-Man-Story aus ‚Amazing Fantasy 15 Aug.': „Es ist eindeutig eine der besten Herkunftsgeschichten in der Historie der Comics, niedergeschrieben auf gerade einmal 11 Seiten."[1] Doch was ist das Neue? Kurz, was unterscheidet Peter Parker-Spider-Man beispielsweis von Clark Kent-Superman?

Es „[…] existierte Peter tatsächlich. Er war der Streber von der Highschool, der bei seiner Tante wohnte und weder Dates ergattern konnte noch Geld hatte. In seinem Ganzkörperkostüm allerdings wurde er zu einem kalauernden, erfolgreichen, scheinbar selbstsicheren Mann. Kein Spider-Boy, sondern ein Spider-Man! Niemand in den Geschichten konnte ahnen, dass im Netzkostüm ein im Grunde einfacher Junge steckte. Dafür sorgte Ditkos genialer Einfall, dem Helden eine Maske zu verpassen, die keinen Quadratzentimeter seines Gesichtes freiließ – nicht einmal um seine Augen. Wie Stan Lee immer sagte: ‚Hinter der Spider-Man-Maske konnte jeder stecken!'"[2]

Von einer radioaktiv verstrahlten Spinne gebissen – und das in nur 7 Bildern erzählt –, entdeckt Peter seine beeindruckenden Kräfte, bastelt sich sogleich sein erstes Kostüm und setzt seine Fähigkeiten bei einem Wettkampf in Geld um. Kurz darauf erfindet Peter für sich einen Künstlernamen und ein spinnigeres, cooleres Outfit. Während eines medialen Rummels lässt Spider-Man, gefeiert und geheimnisvoll zugleich, einen Dieb entkommen – mit einer harten Begründung, die er einem Polizisten geradezu entgegenschleudert. „That's **Your** Job! I'm **thru** being pushed around - - by anyone! From now on I just look out for number one -- That means -- **me!**"[3] Aufstand, Revolution, Macht … Wie hatten

---

[1] The Marvel Age of Comics. 1961-1978, hg. u. gestaltet v. J. Baker, TASCHEN, © 2017 MARVEL, 20 f.

[2] The Marvel Age (s. Anm. 1), 21.

[3] The Marvel Comics Library. Spider-Man. Vol. 1. 1962–1964; David Mandel, Ralph Macchio; TASCHEN © 2021 MARVEL, Part 2, 8. Schriftbild aller engl.

wir Peter kennengelernt? Als Underspider – *'tschuldigung*: Underdog. Er darf nicht mit den großen Jungs spielen; und das Interesse der Damenwelt kann er auch nicht gewinnen. Doch mit diesem Kostüm und nach jenem radioaktiven Upgrade ist Peter plötzlich Wer, auch medial. Außer dass niemand sein Gesicht sieht. Eine dramatische Wendung: Der entkommene Dieb wird kurz darauf Peters Onkel ermorden. Die äußere Transformation von Spider-Man schreit förmlich auch nach einer inneren, sonst bräche die Figur auseinander; doch dafür würde sie von nun an ständig in Gefahr sein, an ihrer Aufgabe zu zerbrechen. Macht? „And a lean, silent figure slowly fades into the gathering darkness, aware at last that in this world, with great power there must also come -- great responsibility."[4]

Die in diesem Band auf der anderen Seite folgende, zeitgenössische Werbetafel für Körper-Aufbau-Produkte („to make You a super-man" oder „You can soon be a hero of men") passt gut in ein Superheldencomic, erweckt aber Erwartungen, die Spider-Man auf viele Weisen durchkreuzt. Peter kommt nämlich durch Zufall zu seinen Kräften, er kann sie nicht kaufen; und er wird bitter lernen müssen, damit zu leben. Und dann die Möglichkeit des Scheiterns, denn Held-*Werden* scheint hier eine Art Initiationsritus im Gewande einer modernen Welt zu sein, die sowohl real als auch immer irgendwie schon Science Fiction ist: *lustige Wissenschaftler (die am nuklearen Weltuntergang fröhlich mitbasteln), dazu eine radioaktive Spinne, Biss, zackbumm, komm damit klar!* Und somit mutiert Held-*Sein* unweigerlich vor allem zu einer ethischen Herausforderung (… kleine Korrektur: muss nicht, kann aber …): „Der Held war eine jugendliche Identifikationsfigur und zugleich jemand, der mit der großen Verantwortung für seine Superkräfte nicht zurechtkommt. Im Grund genommen erzählt Lee also von der Angst, erwachsen zu werden."[5] Und was ist mit uns älteren Lesern und Leserinnen? Auch auf uns und unser Geld warten Geier, viele unsere Träume sind auf Sand gebaut, wir müssen gegen unmenschliche Formalia

---

Zitate von mir geändert. Eine Übersetzung dieser Geschichte findet sich in: Spider-Man. Erstaunliche Abenteuer. Die Spider-Man-Anthologie, PANINI COMICS, © 2019 MARVEL, 6-16.

4 Spider-Man. Vol. 1 (s. Anm. 3), Part 2, 11.

5 K. Schikowski: Der Comic. Geschichte, Stile, Künstler, Stuttgart 2018, 93 f.

kämpfen, die sich nur Außerirdische ausgedacht haben können ,… und manchmal spinnen wir Netze, man nennt das dann Texte, und manchmal verstricken wir uns selbst und andere darin usw. Es ist keineswegs sooo cool, erwachsen zu sein. Gut, andere Geschichte.
Natürlich wirkt der Schluss mehr als melodramatisch: ein schweigender, schuldbewusster Held, schwindend-verblassend auf dem Weg in die Dunkelheit. Dennoch, die Schwelle ist überschritten und Peters Heldenreise (ja, ich muss es tun …) *in das Herz der Finsternis* kann beginnen: auf Hunderten phantastischer Seiten. Möge es durch viele Hände gehen, dieses riesige Schatzkästchen (mit vielen Zusatztexten und -informationen, biographischen Notizen … und achten Sie bitte auf den Achtbeiner, wenn Sie das Buch andächtig öffnen.) Und möge sich darauf keine Spinnwebe bilden!

Rezension zur Graphic Novel „Moby Dick“

Nach dem Werk v. H. Melville, Zeichnungen von B. Sienkiewicz, Textadaption: D. Chichester – B. Sienkiewicz, Bielefeld 2022 (SPLITTER).

I

Wie ein Werk zusammenfassen, das z.B. in der grandiosen Übersetzung von Friedhelm Rathjen[1] über 800 Seiten vorweist? Dies magisch-dämonische Labyrinth über einen gequälten Übermenschen und seiner Jagd auf einen gequälten Weißen Wal. Ein Seeungeheuer von einem Roman: wüst, wild und weit wie das Meer. Welt in Literatur und zugleich Weltliteratur. Unter anderem. „Die ganze Menschheit scheint durch dieses Buch zu ziehen; *Moby-Dick* erscheint wie eine Enzyklopädie von ‚Helden, Heiligen, Halbgöttern und Propheten‘, von denen geringere Männer im Angesicht der Schrecken des Ozeans Beistand und Gnade erflehen.“[2] Außerdem ein bitterer Kommentar zu einem sich globalisierenden Kapitalismus, der eines der intelligentesten Wesen dieses Planeten zu Lampenöl, o du Licht der Aufklärung!, maschinell degradiert. (Auffällig, wie der Film „Im Herzen der See“, die Vorgeschichte von *Moby-Dick*, immer wieder das Motiv vom Menschen als vermeintlicher Krone der Schöpfung aufgreift, variiert und destruiert – bis zu dem entscheidenden Moment, als ein Harpunier den verfolgenden Wal eben nicht tötet, sondern in ihm ein von Menschen gequältes Geschöpf erkennt und so den Strudel der Gewalt durchbricht.[3]) Zurück zum Roman, in dem ein mordender Kapitalist zutiefst darüber gekränkt wirkt, wenn das zu ermordende Kapital sich … wehrt, den Mörder sogar verstümmelt und zeichnet wie Kain. Doch dieses Mal kein sehender Gott, sondern blinde Natur.

---

1 H. Melville: *Moby-Dick; oder: Der Wal,* übers. v. F. Rathjen, 2. Aufl., Frankfurt am Main 2004.

2 A. Delbanco: Melville. Biographie, übers. v. W. Schmitz, München – Wien 2007, 178. Siehe auch F. Rathjen: Nennt mich Ishmael. Sieben Aufsätze und Miszellen zu Leben und Werk von Hermann Melville, Südwesthörn 2019.

3 Siehe dazu die DVD *Im Herzen der See*, Regie: Ron Howard, © 2016 Warner Bros. Entertainment Inc.

Irgendwann fällt der Vorhang. Niemand klatscht. Der Tragödie letzter Akt ist hier anders als der Schluss des Romans „Mardi": „Und so flogen Verfolger und Verfolgte weiter über eine endlose See."[4] *regressus ad infinitum*. Dagegen: Es ist, als finge am Ende von *Moby-Dick* der erste Morgen der Schöpfung von neuem an; es ist, als würde der Kosmos nach dem Chaos heraufbeschworen. Vielleicht verneige ich mich nicht so sehr vor dem Mythos dieses Romans, der selbst schon zum Mythos wurde, sondern vor einer Sprache, sirenenhaft wie die See. Schön, tödlich, voller schwarzer Geheimnisse in der blinden Tiefe, ein Sturm, ein Märchen, ein Abenteuer, Prophetie, Nihilismus, Horror und Witz.

II

Farben. Bill Sienkewicz übersetzt Melvilles Werk in Farben.[5] Bilder, die verschwimmen, ineinander übergehen, grell hier und dort verblassend. Schon der Anfang wirkt wie eine Gespenstergeschichte aus einer Gothic Novel. Wer erzählt? „Nennt mich Ismael. Man hat mich auch anders genannt – […]."[6] Der zweite Satz scheint einer ausdeutenden Adaption geschuldet. Verflüssigte Identität? Ein unzuverlässiger Erzähler? Platzhalterfunktion: für mich, dich, uns? Und Wahnsinn, Wahnsinn überall. Grotesk gezeichnete Präludien des Todes. Beispielsweise Ahabs Begleiter: dämonische Fratzen (S. 15). Und Ahab selbst, mit Holzbein, oder mit dem verrückt gewordenen Pip: eine schwarz-weiße Pietà (S.23). Darüber das Bild vom Kopf des Kapitäns, einer Leiche gleich; über dessen Nase und Mund läuft Rot, läuft über, hinunter in Pips Augen. Feurige Inspirationen unheiligen Geistes.
Aber diese Graphic Novel lässt sich im Angesichte der monströsen Romanvorlage keineswegs hetzen. Obwohl alles rauschhaft auf die Katastrophe zustürmt; mitreißend, hinabreißend: Denn da ist Platz für großformatige Zeichnungen, wie auf S. 38-39, als Moby-Dick ein Boot zerschmettert. In diesem Schwung gibt es keine Trennung mehr zwi-

---

[4] H. Melville: Mardi und eine Reise dorthin, Band 2, übers. v. R. G. Schmidt, 2. Aufl., Hamburg – Bremen 1997, 536.

[5] Moby Dick, nach dem Werk v. H. Melville, Zeichnungen von B. Sienkiewicz, Bielefeld 2022 (SPLITTER).

[6] Moby Dick (s. Anm. 5), 3. Schriftbild von mir geändert.

schen Wal, Wind und Wogen. Der charakteristische Kopf mit seinen Kiefern und Zähnen lauert und leuchtet übrigens leitmotivisch durch das gesamte Buch hindurch. Und bitte keine realistische Darstellung der Hauptfigur erwarten! Wir sehen *ihn*, wie möglicherweise Sienkiewicz glaubte, was Ishmael-Melvilles Ahab zu sehen glaubte. Oder der Weiße Wal titanisch, eine Urgewalt, die auf ein anderes hilfloses Boot herandonnnert (S. 41). Besonders beeindruckend das Bild von S. 42, wie der Seitenflügel eines Altars (Auf dem Hauptgemälde von S. 43 wird Ahab von seinem Albtraum fortgerissen.). Nur Schwarz und Blautöne. Skizzenhafte, sich überlagernde Schichten, Geschichtetes in *einem* Bild: je nachdem, wie du es liest und siehst: die in einem Strudel untergehende Pequod, von Moby-Dick gerammt; in den Segeln, aus den Segeln scheinen sich Kiefer zu bilden, sich triumphierend zu erheben; und an der Seite dieses fingierten Wals emporgezogen ein Mensch. Am Ende (S. 44-45): Schwärze, nur die majestätische Fluke des Leviathans verschwindend dunkelblau in der Tiefe. In Schwärze wird bald gänzlich verschwunden sein jenes weiße Ungeheuer, das keines war: nur Projektionsfläche blinder menschlicher Arroganz, die todbringend durch die Weltgeschichte hinkt. Der humpelnde Kleingott, der das geldgierige Narrenschiff namens Menschheit in den Abgrund jagt.

Ismael werde als einziger gerettet. Die Gelbtöne der Sonne und der letzten Seite bilden ein Kreuz über dem schwimmenden Holz-Grab dessen, der erzählte. Er wird uns künden von Hiob-Prometheus-Faust.

„Das große Los" und „7 Frauen" – Schicksal und Kunst

„ … et sursum deorsum fortuna versavit."
Seneca, epistulae morales 44
(*… und das Schicksal wendet [uns, alles?] auf und ab.* Übers. MP)

I DAS GROSSE LOS

Die Geschichte von „Das Große Los" (Joris Mertens)[1], einem wuchtigen Kunstwerk mit über 140 Seiten, lässt sich schnell erzählen – ich folge hier zuerst dem Buchrückentext: „François führt ein einsames aber geregeltes Leben, zwischen seiner Arbeit als Auslieferungsfahrer der Wäscherei Bianca und dem einen oder anderen Bierchen im Monico, seinem Lieblingslokal. Der einzige Lichtblick seiner gleichförmigen Tage ist der Besuch bei Maryvonne, die einen Kiosk betreibt, wo er Woche für Woche sein Glück im Lotto versucht. Wenn er irgendwann einmal das große Los zieht, dann wird er Maryvonne und ihrer Tochter ein besseres Leben bieten, so viel steht fest." Doch eines Tages Auslieferung von Wäsche in ein Außerhalb der Stadt. Verregneter Wald. Haus. In Rot getaucht, um einen Tisch, eine Gruppe ermordeter Männer. Revolver auf dem Boden … und eine Tasche voller Geld. Die François nimmt, um sie im Wald zu verstecken, beobachtet von zwei Kindern in gelben Regenmänteln. Zurück zum Lieferwagen. Abends im Fernsehen ein Fahndungsaufruf mit seinem Bild (S. 99). Panik, Flucht weg von den Menschen, ein von Schrecken zerrissenes Gesicht. Die dunkle, regenasse, abendliche Stadt wirkt monströs, verlassen, gespenstisch, wenn François durch sie hindurch eilt, ein Getriebener, Isolierter, Vereinzelter. Mit dem Bus in den Wald. Wieder den Regenschirm vergessen (ein Leitmotiv). Beim Suchen und Ergreifen der Tasche versinkt François langsam und unaufhaltsam im überfluteten Gelände. Die Tasche öffnet sich: im grau-braunen Wasser schwimmen die Geldscheine.

[1] Übers. v. A. Rothkamm, Bielefeld 2023/SPLITTER Verlag.

Geldscheine? Oder vielmehr nur Zeitungschnipsel? In seinem nassen, dunkel-weißen Grab, umflutet von Papier, bleibt sichtbar: François' fast versunkener Kopf. Das nächste ganzseitige Bild: schwarze Bäume nach oben ragend. Gelb-rot-verwesend der herbstliche Boden dazwischen. Dann im Fernsehen François ‚ewige' Lottozahlen, endlich, aber zu spät; Postkarten von ersehnten Urlaubszielen, dazu eine Zeichnung von der kleinen Romy – mit Käfer, Schmetterling und Biene: und genau eben diese Zahlen in Blüten hineingemalt. Zum Heulen. Die Stadt (S. 36 f.) – auf dem Weg zu „Blade Runner", etwas *früher* –, diese Stadt ein Ungeheueres, ein expressionistischer Moloch aus grauem Stein und alles verschlierendem Regen, alt und gleichzeitig eine ewige Baustelle, grell erhellt vom künstlichen Licht der Geschäfte und Autos. Ein Noir-Film: nur in Buchform. Nicht bewegt, sondern angehalten. Der Regen steht, der Verkehr steht, die Menschen stehen. Kino, Bars, Sexclub-Reclam. François ohne Regenschirm über die Gleise der Straßenbahn, über nasses Pflaster, das die Lichter der Fassaden spiegelt (S. 73). Eine Welt, die man durch-blicken muss: vor oder hinter dem Schaufenster. Dies vielleicht ein wenig Sehnsucht nach dem Nie-Woanders und Schutz vor dem Draußen. Die Menschen kleben am Boden. Die ragenden Häuser zeigen erbarmungslos in die Höhe, aber schier unüberwindbar, vermauern sie den Blick, dirigieren ihn. So auf S. 76, wo am Ende einer angedeuteten Straßenflucht keine Weite kommt, sondern eine gotische Kathedrale, eine hellgraue Wand, die die Welt abschließt. Nur zwischen und neben den Türmen etwas Himmel. Der wie eine riesige Schwärze auch über dem leuchtenden Bahnhof liegt, wo in einem leeren Kaffee der fliehende François wartet: worauf?[2] Um sich dann doch für den Bus in den Wald zu entscheiden. Natur ist hier nicht nett, sondern genauso bedrohlich, letztlich tödlich. Anderes Licht als Schwarz und Grau nur künstlich. All das: ein von Menschen geschaffenes Gefängnis für alle. Das Buch hat Kapitelüberschriften, eine davon: *Fortuna*; und die letzte: *François*. Aber auf den folgenden Seiten tritt der nun tote nicht mehr auf – wie auch? Das Bittere: er scheint keine Leerstelle zu hinterlassen. Die Menschen, der Regen, der Verkehr, das Geplapper; die Stadt macht weiter. Dann die ersehnten Lottozahlen: nur, Fortunas glückbringende

2 Das große Los (s. Anm. 1), S. 110 f.

Laune hat keinen Adressaten mehr. Der Rand einer Postkarte: *Costa del Sol*.

II
FANNY

Wie Miniaturen, in ein bisweilen zartes, wärmeres Licht getaucht, fast hingehaucht der Band „7 Frauen“[3] – sensibel, provozierend, tragisch und doch auch nicht ohne Hoffnung. Stadt und Mann auf der einen Seite im *Großen Los*, hier Frau und Natur. Dies wirkt zwar sehr pauschal und plakativ formuliert; dennoch, beide Bände entwickeln Perspektiven des Menschseins in dramatischer Zuspitzung.
Still ist die Geschichte von Fanny. So still. Macht demütig. Auf der ersten Seite (67) kein Wort; ihre rotblonden Haare heben sich von den grauen, blassen Hintergründen ab. Dann Wechsel: Sie in einem Park, sie in einem Blauton; der Park hat nun die Farbe ihrer Haare: Herbst? Sie möchte sich später als Modell in einem Kurs malen lassen. Sie ist nackt; wieder Bilder um Bilder, ohne Text. Maler und Malerinnen gruppieren sich um ihre Schönheit. Sie wie ein aus der Welt gefallenes Kunstwerk – oder wie eines aus einer jenseitigen Welt. Zeit steht still. Und sie wolle auch kein Geld dafür, möchte nur einige Bilder für sich behalten. Später im Krankenhaus: Fannys Busen entfernt, ein großer Verband um ihre Brust. Sie wird sich das Gezeichnete anschauen, weil es zeigt, wie sie einmal war, aber auch, wie sie wieder werden kann, möglicherweise anders, und mit Hilfe von Rekonstruktionen, so der Arzt.
Es war für mich keine leichte Geschichte: denn ich habe schon viele Menschen in meiner Familie und im Freundeskreis an diese Krankheit verloren, die hier übrigens mit keinem Wort erwähnt wird. Ich sehe und lese Bilder, die zeigen, wie mit Bildern, mit Kunstwerken eine wichtige Erinnerung (*memoria*) aufgebaut wird, wenn auch melancholisch und sehr schmerzhaft, aufbewahrend und gleichzeig auf eine mögliche Hoffnung zeigend. Eine Schönheit, die, obwohl vergänglich, ewig ist.

[3] O. Pont: 7 Frauen (Farben: L. Croix), übers. v. H. Sachse, Bielefeld 2017/SPLITTER Verlag („Fanny“ ab S. 65).

Fanny mit Verband, im Bad, vor einem Spiegel. Hier braucht es keiner Worte, sondern nur Tränen.
Am Ende sah ich sie ihre Bilder, die Bilder einer vergangenen Fanny betrachten. Sie schaut sich selbst im Kunstwerk an – in die Vergangenheit reisend: ja! Und in die Zukunft reisend? … dann schaut sie aus dem Fenster, Licht hüllt sie ein, fällt auf die Aktgemälde, auch wenn diese zum Teil im Schatten liegen. Keine leichte Geschichte über Verlust und Kunst und Schicksal. Eine Geschichte voll Mut und Widerstand und Trost.

VARIA

Barosaurus lentus – ein künstlerisches Experiment

Warum Dinosaurier? Darren Naish sammelt dafür vier Argumente: „[…] we like dinosaurs because, frankly, they're neat-looking animals. […] we like dinosaurs because they're *super animals*, above and beyond living creatures when it comes to mechanics, power, and abilities. […] a wilderness unspoilt by human action. […] Fourth, and finally, dinosaurs are the subject of all kinds of questions and controversies."[1]

Das Bild BAROSAURUS, DIPLODOCUS AND DRYOSAURUS[2] von John Conway (2017) ist ein Statement. So, unter anderen, habe ich mir immer die Urzeit vorgestellt. Zwei optische Effekte beeindruckten mich hier besonders: 1. Die Dramaturgie der Größe. Im Vordergrund zweibeinige Minidinos. Farblich dunkel gehalten. Dann zwei Diplodoci (heller), ungefähr 20 m groß. Aber sie wirken einfach nur klein im Vergleich zu dem grau-schwarzen Barosaurus lentus (45 m?), der sich über zwei Seiten zu erstrecken scheint. Monumetal. 2. Im Hintergrund ein Berg (in dunklerem Grün), der natürlich ungleich größer als der Barosaurus sein muss; aber durch eine fehlende Raumtiefe erscheinen Dinosaurier und Berg fast gleich groß. Die rechte Flanke verläuft fast parallel zum Schwanz des Riesen, dessen Hals die linke Flanke kreuzt, so dass der Kopf des Giganten in den Himmel dahinter ragt – überragend. Ein Dino wie ein Berg. Und alles statisch und doch voller Dynamik (… auch mit diesem dramatischen Himmel): Dinosaurier auf zwei und vier Beinen; Färbungen werden zart angedeutet; nach unten gebogen die Hälse, nach oben, und auch waagrecht. Und dann Barosaurus (um den herum sich der Berg und die anderen Dinosaurier einrahmend gruppieren): grazil, schwungvoll, elegant – vollendete Architektur der Evolution. Unfassbar groß und doch irgendwie *leicht*. Eben ein Statement und ein Experiment des Künstlers, was mögliche Dimensionen von Sauropoden betrifft, wie der erklärende Bildtext erläutert, welcher dadurch sofort jeglichen naiven Realismus durchstreicht – im Sinne von Kann-sein-muss-aber-nicht.

---

[1] D. Naish: Dinopedia, Princeton University Press 2021, VI-VII. (Ein grandioses Buch!)

[2] In S. White – D. Naish: Mesozoic Art, London u.a. 2022, 132 f.

Aber auch das Bild selbst markiert dies durch seine inhärente Konstruktion, kein Abbild sein zu wollen, und macht dadurch jedoch eine wissenschaftliche Diskussion sichtbar. Eben ein cooles Super-Tier in einer Welt ohne Menschen, was Stoff zu Kontroversen bietet.[3] Und nun ja, auch etwas zum Nachdenken, wie unser faszinierender Planet einmal ausgesehen haben könnte. Und dass Kunst, Evolution und Sauropoden – noch größer als Barosaurus? – (fast) keine Grenzen kennen.

---

[3] Siehe dazu R. Molina-Pérez – A. Larramendi: Dinosaur: Facts and Figures. The Sauropods and Other Sauropodmorphs, Princeton University Press 2020, 36 f.

Ein Miniversum. Thesen zu Spur Z

Märklins „Mini-Club“ Spur Z (1:220) feierte 2022 das fünfzigjährige Jubiläum. Normalerweise war ich seit meiner Kindheit mit Märklin HO sozialisiert worden. Dann kam die Corona-Krise. Nicht mehr in meinem Büro an der Universität sein zu können, war unter anderem nun auch ein Raumproblem. Meine Modelleisenbahnplatte zu Hause wurde zum Bücherstapeln umfunktioniert und als Korrekturfläche verwendet. Die Lokomotiven und Waggons verwandelten sich von technisierten Mitbewohnern zu musealen Objekten im Regal und müssen nun ihren Platz mit Stegosaurus, Spinosaurus und T-Rex teilen. Eine Buchreihe mit ihren weißen Einbänden bildet da einen wunderbaren Hintergrund für manches rollende Schmuckstück. Irgendwo stand aber im Flur noch was von Z rum, irgendwann antiquarisch erworben, unscheinbar irgendwie. Und dann denk' ich mir: könnte auf meinen Küchentisch passen. Siehe da, zwei Gleisovale, viele Weichen, zwischen Lego-Modellen, lateinischen Dichtern und meinen Müsli-Schalen. Ich muss nur aufpassen, dass diese filigranen Zauberdinge nicht aus Versehen von einem Taschenbuch begraben werden. Zudem wacht ein Klingonisches Schlachtschiff aus Klemmbausteinen über meine kleine Anlage. Doch nun

Einige Thesen zu Spur Z:

1) Du baust dein eigenes Miniatur-Universum und hast auch noch den kompletten Überblick darüber. (Du bist ein Mythopoet des Industriezeitalters.)
2) Eine kleine Apologie. Um eines klar zu stellen: Es geht mir nicht um Weltherrschaftsphantasien.[4]

[4] Burkhard Spinnen merkt betrübt an, die öffentliche Meinung vertrete „[…] zynisch grinsend die Auffassung, daß der erwachsene Mann, der sich zur Modellbahn bekennt, im besten Falle ein infantiler, egomaner, unsozialer und verklemmter Volltrottel und im schlimmsten Fall ein dämonischer, kryptofaschistischer Psychopath ist. […] In gewissen Kreisen, und die sind fast überall, fällt es entschieden leichter, sich zu Leidenschaften zu bekennen, denen nachzugehen lebensgefährlich ist oder gar unter Strafe steht, als sich einen überzeugten Modellbahner zu nennen.“ B. Spinnen: Modelleisenbahn. Kleine Philosophie der Passionen, 2. Aufl., München 1999, 47.

3) Das utopische Moment: Meine Züge kommen immer pünktlich an. (Selbstkompetenz)
4) Das ganze System ist in <u>einer</u> verantwortlichen Hand (Sozialkompetenz) – und wird nicht durch Aktien infrastrukturell ausgeblutet. Also, was ersetzt werden muss, wird ersetzt; was repariert werden muss, wird repariert.
5) Kleiner geht das technisch nimmer, glaub' ich, sonst würde die Quantenwelt tangiert.
6) Digitalisierung? Minimal. Einfacher Trafo ran, dat Ding läuft, vorwärts-rückwärts, braucht nicht fliegen, hupen, rattern oder Samba tanzen können. Und ohne dass du vorher einen Supercomputer mieten musst. (Fachkompetenz)
7) Auf kleinstem Raume werden phantastische Details geschaffen und somit der mittlerweile langsam, aber sicher ans Absurde heranreichenden Nachbau-Abbildwut-via-Modell Grenzen gesetzt. Gut so. Hinter der fragmentarischen Realität muss immer ein unerreichbares Ideal hervorleuchten, dem wir uns z.B. spielend und spielerisch immer wieder nähern können, nur um wieder von vorne anzufangen.
8) Die neuen Sammlermodelle aus Bronze und Platin: statt noch mehr Details, was kaum geht, nun wertvollere Materialien (okay, auch hier ein Hauch von Luxus …). Doch sie haben keinen Realitätsanspruch, sondern ‚vergolden' den Traum.
9) Pragmatik: Ich ahne, dass allein meine us-amerikanische Big Boy-Lokomotive (HO) mehr wiegt als meine gesamte Z-Sammlung. (Warnung: Bitte niemals nur Big Boy in eine Suchmaschine eingeben, wie das eine Bekannte tat, immer irgendwie mit Zusatz, z.B. Modelleisenbahn!)
10) Spur Z, auch antiquarisch, ist durchaus nicht unerschwinglich. Aber ganz ehrlich: seit Jahren fehlen die richtigen coolen Startpackungen der alten Zeit. Hier nun die Erfahrung eines unwiederbringlichen Verlustes.
11) Z macht Spass. (Selbstironiekompetenz)

PS: Ich denke über Spur I nach, um in meinem Uni-Büro leichter Kekse und Schokolade zu transportieren (… dafür bräuchte ich sonst bei gewissen Quantitäten vermutlich Tausende von Z-Waggons).

Zum Weiterlesen

Märklin. 50 Jahre Mini-Club. Alles über Spur Z. Jubiläumsbuch, 164 Seiten, 1. Aufl. 2022. Siehe dort beispielsweise S. 155: Verrückt, nicht nur Küchentische, sondern auch Zigarettenschachteln, U-Boote und Raumfähren sind für Spur Z geeignet.

Epilog

Variationen zu Krieg und Frieden – Ein Fragment.

Die Profiteure

Machen wir uns nichts vor.

„So lange der Krieg als eine Möglichkeit überhaupt in Betracht kommt, d. h. also, so lange es Berufszweige gibt, die auf die Möglichkeit eines Krieges gestellt sind, ferner so lange es auch nur einen Menschen gibt, der durch den Krieg seinen Reichtum vergrößern oder solchen erwerben kann und der zu gleicher Zeit die Macht hat oder den Einfluß, einen Krieg herbeizuführen, genau so lange wird es Kriege geben.“[1]

„Die Frühe Neuzeit kennt die Erfindung der kriegsentscheidenden Feuerwaffen, aber auch diejenige nicht auf Loyalitäts-, sondern auf Mietbasis operierender Söldnerheere, für die der Krieg Selbstzweck und der Frieden Arbeitslosigkeit bedeutet: Für die Landsknechtheere bedeutet der Frieden ein ‚Loch‘ des Kriegs, das dringend durch mehr Krieg zu stopfen ist.“[2]

Religion

Voltaire zum Thema *Toleranz*: „Der allerchristlichste François I verbündet sich mit den Muslimen gegen den allerkatholischsten Karl V. François I gibt den deutschen Lutheranern Geld, um sie bei ihrem Aufstand gegen den Kaiser zu unterstützen, aber wie es Brauch ist, macht er sich daran, die Lutheraner in seinem Herrschaftsgebiet zu verbrennen. Aus Gründen der Politik bezahlt er sie in Sachsen, aus Gründen der Politik verbrennt er sie in Paris. Doch wohin führt das? Verfolgungen schaffen neue Anhänger. Bald ist Frankreich voller neu bekehrter Pro-

---

1 A. Schnitzler: Das große Lesebuch, ausgewählt v. S. Michel, Frankfurt am Main 2008, 287.

2 M. Föcking – C. Schindler: Vorwort, in: Der Krieg hat kein Loch. Friedenssehnsucht und Kriegsapologie in der Frühen Neuzeit, hg. v. M. Föcking – C. Schindler, Heidelberg 2014, 7-17, hier 8.

testanten. Zuerst lassen sie sich erhängen, dann erhängen sie die anderen.“[3]

Denen eine Stimme leihen, die keine mehr haben

Das berühmte, bestürzende „Kriegslied“ von Matthias Claudius beginnt so: „’s ist Krieg! ’s ist Krieg! …“ Halt, in bestimmten Region darf man nicht mehr „Krieg“ sagen, sondern *Sonderoperation* oder *Prävention* oder was-auch-immer: Soldatischer Urlaub vielleicht, die zufällig ihre Waffen dabei hatten. Nein, es ist *Krieg*.

Der „Agricola“ des römischen Historikers Tacitus reflektiert das Leben unter einer kaiserlichen Diktatur. Neben Bücherverbrennungen auf den Forum und Vertreibung von Philosophen aus Rom Folgendes: „[…] wobei uns durch Bespitzelung jede Art des Meinungsaustausches genommen war. Ja, selbst die Erinnerung hätten wir zusammen mit der Sprache verloren, wenn es ebenso in unserer Macht stünde, zu vergessen wie zu schweigen.“[4] In einem Latein geschrieben, das dir das Herz zerschneidet. Und während der Eroberung Britanniens lässt dieses Werk einen Fürsten vor der Entscheidungsschlacht sprechen – vielleicht findet sich in dieser Stimme der Bedrohten auch Tacitus selbst wieder (nur eine Vermutung)? Eine Stimme, die mit Empathie und Perspektivwechsel kolonisierende Sprachpolitik demaskiert. Über die Römer: „Die Räuber der Welt durchsuchen nun, nachdem ihnen bei ihren alles verheerenden Zügen die Länder ausgegangen sind, das Meer. Ist ein Feind reich, sind sie habgierig, ist er arm, verlangen sie nach Ruhm, und weder Orient noch Okzident kann ihren Machthunger stillen. […] Wegschleppen, morden, rauben nennen sie mit falschem Namen Herrschaft, und wo sie eine Einöde schaffen, sprechen sie von Frieden.“[5]

---

3 Voltaire: Aufgeklärtes Denken. Aus dem Philosophischen Taschenwörterbuch, übers. v. A. Oppenheimer, hg. v. R. Bauer, Stuttgart 2021, 77.

4 Tacitus: Agricola, in: Ders.: Agricola/Germania, lat./dt., hg. u. übers. v. A. Städele, 2. Aufl., Düsseldorf 2001, 9.

5 Tacitus: Agricola (s. Anm. 4), 49.

In die Hölle

Und wieder und immer wieder.
„Die ‚Hölle von Verdun', von Tod und Blut, haben die Miterlebenden gesagt: Ein kleines Gelände von wenigen Quadratkilometern, voller Forts, mit Betondecken und Panzertürmen, Schutzgräben, MG-Stellungen, Drahtverhauen, Beobachtungspunkten; auf diesen Raum wurde die auf beiden Seiten massierte schwere und leichtere Artillerie konzentriert, monatelang wurde er immer wieder von Granaten durch und durch aufgewühlt, alle Soldaten lagen unter diesem ständigen mörderischen Dauerfeuer, in weithin zerstörtem Gelände, zwischen Wasserlöchern, Granattrichtern und Schlamm, kaum versorgt; alle brachen immer wieder zu Sturmangriffen und Gegenangriffen auf, immer im Wissen und Sehen, wie der Nebenmann zerfetzt oder verschüttet wurde; und all das, Lebensgefahr und Nervenanspannung, hörte nie auf, auch in rückwärtigen Stellungen lagen die Soldaten unter dem schweren Granatfeuer, und sie wußten, daß der Gang in die Hölle nach vorn wieder bevorstand."[6]

Das Gedicht als Jüngstes Gericht

… oder als Konfrontation mit dem eigenen Gewissen?

„'s ist Krieg! 's ist Krieg! O Gottes Engel wehre,
Und rede Du darein!
's ist leider Krieg! – und ich begehre
Nicht schuld daran zu sein!

Was sollt' ich machen, wenn im Schlafe mit Grämen,
Und blutig, bleich und blaß,
Die Geister der Erschlagnen zu mir kämen,
Und vor mir weinten, was?

[6] T. Nipperdey: Deutsche Geschichte 1866-1918. 2. Bd.: Machtstaat vor der Demokratie, München 1998, 776 f.

Wenn wackre Männer, die sich Ehre suchten,
Verstümmelt und halb tot,
Im Staub sich vor mir wälzten und fluchten
In ihrer Todesnot?

Wenn tausend Väter, Mütter, Bräute,
So glücklich vor dem Krieg,
Nun alle elend, alle arme Leute,
Wehklagten über mich?

Wenn Hunger, böse Seuch' und ihre Nöten
Freund, Freund und Feind ins Grab
Versammelten und mir zu Ehren krähten
Von einer Leich' herab?

Was hülf' mir Kron' und Land und Ehre?
Die könnten mich nicht freun!
's ist leider Krieg! – und ich begehre
Nicht schuld daran zu sein!"[7]

Peter von Matt zu diesem Gedicht: „Der Dichter wagt es nicht, vor Gott und der Welt feierlich zu erklären, er sei unschuldig; er kann nur merkwürdig stockend sagen, er möchte es nicht sein. Damit zieht er die dunkle Konsequenz aus einer triumphalen Erkenntnis seines Jahrhunderts: daß die Menschheit ein Ganzes sei, verschwistert alle zusammen und miteinander auf dem Weg ins beßre Land. Wenn das stimmt, dann kann man sich auch aus der Schuld der andern nicht einfach wegstehlen. ‚Alle Menschen werden Brüder' jubelt es in diesen Jahren. Ja, sagt Claudius dazu, auf Tod und Leben. Wer könnte ihm heute widersprechen?"[8]

---

[7] M. Claudius: Kriegslied, in: Ders.: Ausgewählte Werke, hg. v. W. Freund, Darmstadt 2004, 441 f. Verseinzug von mir etwas geändert.

[8] P. von Matt: Die verdächtige Pracht. Über Dichter und Gedichte, München 2001, 88.

Trotzdem Hoffnung?

„Rundmarsch der Gefangnen

In Moskau hab ich einst ein Bild gesehen.
Van Gogh der Meister. Dunkler Quadern Bau.
Ein Innenhof. Gefangne, grau in grau,
Die hoffnungslos in engen Kreisen gehn.

Nun schau ich selber durch die Gitterstäbe
In einen Hof, darin man Menschen treibt
Wie Herdenvieh, das noch zu hüten bleibt,
Bevor man ihm das Beil zu spüren gäbe.

Als Herrscher aller dieser grauen Bahnen,
Steht Einer draussen, den die Lust erfüllt,
Wenn Andre leiden: Einer, der noch brüllt,

Wenn Andre schweigend schon die Wandlung ahnen,
Die aus den Gräbern sprossend längst beginnt,
Bevor sie rot in rote Ströme rinnt.“[9]

„Hitler blieb bis zu seinem Tod Mitglied der katholischen Kirche. Auch ein Teufel konnte wie der Papst katholisch sein.“[10]

---

[9] A. Haushofer: Moabiter Sonette, hg. v. A. von Graevenitz, München 2012, 14; und aus dem Klappentext: Albrecht Haushofer wurde „[…] 1944 nach dem Attentat auf Hitler in Bayern verhaftet und ins Gefängnis Berlin-Moabit gebracht, in dessen Nähe er kurz vor der Einnahme Berlins durch die Rote Armee von SS-Männern liquidiert wurde.“

[10] H. Wolf: Papst & Teufel. Die Archive des Vatikan und das Dritte Reich, München 2008, 306.

Visionen

Auch wenn die Leiden des Aeneas in Vergils großem Epos und der anderen Flüchtlinge aus Troja noch am Anfang stehen, tröstet Jupiter in Buch I seine Tochter Venus, die Mutter des Helden, mit einem prophetischen Ausblick auf das noch zu gründende, noch in schier unerreichbarer Ferne liegende Rom. Indirekt wird hier auch das Ende der Bürgerkriege durch Augustus gefeiert: „Grausame Kriege sind beendet: dann werden Jahrhunderte friedlich. Die altehrwürdige TREUE und Göttin Vesta, Quirinus mit Remus, seinem Bruder, werden Recht sprechen. Des grimmigen KRIEGS Tempeltüren werden sich schließen […]; der brudermörderische WAHNSINN wird drinnen wütend wüten – über einem Berg von Waffen sitzend, am Rücken mit hundert ehernen Knoten gefesselt, zum Fürchten mit seiner blutverschmierten Grimmasse.“[11] (Freie Übersetzung von mir.)

In seinen Erklärungen zum römischen Festkalender schreibt Ovid über den Ianus-Tempel: „‘Doch warum hältst du dich im Frieden verborgen, und warum wird dein Tempel geöffnet, wenn man zu den Waffen greift?‘ [… Ianus antwortet; Anm. MP:] ‚Im Frieden schließe ich die Türen, damit er nicht irgendwie entweichen kann […]. ‚Ianus, schenke Ewigkeit dem Frieden und den Dienern des Friedens, und gib, dass der Schöpfer sein Werk nicht verlässt.‘‘“[12]

Alle Kriege fangen in uns an, in unserer Seele, aber vielleicht kann das Herz zum Ort werden, wo aller Frieden beginnt:

[11] P. Vergili Maronis Opera, hg. v. R. A. B. Mynors, Oxford 1969 (Aeneidos I, 290 ff.).

[12] Ovid: Fasti. Der römische Festkalender, lat./dt., übers. u. hg. v. G. Binder, Stuttgart 2014, 23.

„Mein Herz hat angenommen jegliche Gestalt:
für die Gazellen Weideplatz, für Mönche Kloster,
den Götzen Tempelbau, dem Pilgerkreis die Ka'ba,
Schrifttafeln für die Thora, Seiten dem Koran.
Mein Glaube ist die Liebe: wo die Karawane
auch hinziehn mag, ist Liebe meine Religion."[13]

---

[13] Ibn al-'Arabî, in: Das Wunder von al-Andalus. Die schönsten Gedichte aus dem Maurischen Spanien, aus d. Arabischen u. Hebräischen übers. v. G. Bossong, München 2005, 151. Verseinzug von mir etwas geändert.

Demokratie - Autokratie

Demokratie: nur eine Staatsform unter vielen? Oder *die* Staatsform schlechthin? Das scheint mir begründungsdürftig. Denn Macht lässt sich unterschiedlich legitimieren. Jede Staatsform kann umschlagen,[1] selbst in ihr mörderisches Gegenteil. Wie kann also eine Demokratie sich nicht nur z.B. vor Diktaturen, sondern auch vor sich selbst schützen? Die fatalistische Antwort: Freiheit kann und wird immer missbraucht. Demokratie scheint mir darum ein ehrliches Gebilde, das immer wieder aufgebaut werden muss, aus Menschen und nicht mit Waffen. ‚Ehrlich' insofern, weil wir alle nicht-unfehlbar, fragmentarisch und scheiternd sind. (Was beispielsweise, wenn die sog. Mehrheit sich irren sollte?) Paradoxerweise kann deshalb diese Staatsform mutig eine Zukunft gestalten, die sich nicht in eine glorifizierende Geschichtsfälschung zurückwünscht, sondern prozessual und in komplexen Aushandlungsprozessen Herausforderungen wie Pandemien, KIs, Klimawandel … meistert.

1. Demokratie: das ist (m)eine bewusste Entscheidung für (m) eine politische Verfassung und (m)eine Lebensform, die im Besonderen die Freiheit des/der Einzelnen garantiert und herausfordert und darum hohe Verantwortung von mir verlangt. In gewisser Weise kann dies auch Auto-Kratie genannt werden, unter anderen Bedingungen: ein Selbst nämlich, das sich ermächtigt, aber nicht eskaliert, sondern sich intersubjektiv öffnet und im Gestus der Freiheit die Freiheit der anderen respektiert. Dieses demokratische Selbst gibt repräsentativ seine Macht ab, weil es alle tun. Und ich, der und die Einzelne, muss prinzipiell die Chance haben, politisch mitzuwirken. Das bedeutet auch eine deutliche Ausweitung der Partizipationsmöglichkeiten.
2. Demokratie kann von ihrem Wesen her, abstrakt gedacht, nicht im Widerspruch zu den Menschenrechten stehen, eine Diktatur schon. Anders gewendet: wäre Demokratie, trotz ihres an-

[1] S. dazu Cicero: De re publica

tiken Ursprunges, nicht die den Menschenrechten angemessenere Staatsform?[2]

3. Ist die, ist meine Entscheidung für eine Demokratie gefallen, wären mir Grenzen zu ziehen, weil jeder und jede Einzelne eine Demokratie darstellt, und das millionenfach. Normative Maß wären die Menschenrechte.
4. Darum müsste es bei aller Meinungsfreiheit, die ja kein Argument für rechtsfreie Räume bilden kann, in den (sozialen) Medien Kontrollen geben: gegen Mobbing, Hate Speech, Fake News, Rassismus, Antisemitismus, Frauenfeindlichkeit, Fundamentalismus, Diskriminierung ...
5. Demokratie darf nicht durch autokratische Systeme erpressbar sein. Sie bedarf deshalb politischer und wirtschaftlicher Unabhängigkeit. Das könnte ein globaler Verbund von Demokratien leisten, wie z.B. modellhaft die EU.
6. Die Gewaltenteilung muss so in der Verfassung verankert sein, dass sie intangibel ist. Es herrscht zudem Beschränkung der Amtszeit. Wie in der alten römischen Republik sollten die höchsten Ämter kollegial besetzt sein.
7. Es gibt keinen gerechten Krieg. Aber Demokratie muss sich verteidigen dürfen, dabei aber keine Angriffskriege führen.
8. Demokratie garantiert in einer sich rasant wandelnden Welt Bildung für alle, und zwar ein Leben lang. Dazu müssten auch Universitäten anders gedacht werden.
9. Wichtig: eine funktionierende Infrastruktur für alle.
10. Demokratie gibt sich immer gastfreundlich und irgendwie grenzenlos, auch wenn sie durch konkrete Staatsgrenzen eingefasst scheint. Demokratie ist utopisch (also überall), anachronistisch (geradezu zeitlos) und anarchisch (im Sinne von: allergisch gegen Alleinherrschaftsansprüche.) Das kann auch Überforderung provozieren, weil wir topische und chronologische Wesen sind – mit einem ganz leichten Hang zu herrschen oder beherrscht zu werden. Und mit weniger Ironie formuliert: Der Mensch als das aggressivste, grausamste und brutalste Le-

[2] Dies müsste mit Kant weitergedacht werden.

bewesen auf diesem Planeten. Und darunter vor allem Männer – doch diese Beobachtung sei bitte nicht als Generalverdacht zu verstehen. Wenn wir nach Aristoteles Polis-Wesen sind, staatenbildend, dann scheint mir Demokratie anthropologisch eine Spitzenleistung, aber auch mit hohem Absturzpotential. Demokratie braucht darum eine schonungslos ehrliche Anthropologie und den Abschied von Verdrängungen. Nach meiner Einschätzung können das konstant nur die Wissenschaften und eine wissenschaftliche Haltung leisten.

11. Alle, die sich heute in Deutschland für Demokratie einsetzen und sich zu ihr bekennen, sind nicht die Täter und Täterinnen von damals, z.B. des Zweiten Weltkrieges. Aber in einer kritischen, aufarbeitenden, nicht vergessen wollenden Konfrontation mit der Vergangenheit vermögen wir, eine ähnliche Wiederkehr des Grauens zu verhindern. Weil wir Menschsein anders verstehen, schulden wir dies den Opfern, ohne dass wir Schuld hätten. Aber woran haben wir heute Schuld? Stichwort Klima.
12. Keine Ideologien, weder von links oder rechts oder religiös! Anstelle von unversöhnlichen, antithetischen Positionen der Wille zu einem dialektischen, kritikfähigen Konsens, der nachgeben, aber auch vergeben kann – in einem gegenseitigen Verstehen-Wollen.
13. Schulen (und auch Universitäten) könnten als ein neues Fach, nun ja, „Demokratie" (oder „Europa") anbieten, um performative wie auch kognitive Zugänge zu dieser Staatsform zu schaffen. Ein solches Fach darf aber nur freiwillig belegt werden – sonst würde es seinem eigenen Prinzip widersprechen. Mir würde es darum gehen, Menschen demokratiefähig zu machen, in einem ständigen, nie zu beendenden Zusammenspiel von Bewusstseinsprozessen und Strukturen, die zum einen ermöglichen und befähigen, zum anderen sich aber auch korrigieren und anpassen lassen und selbst authentisch demokratische Prozesse abbilden (soweit das möglich wäre). Eine Art ständig lernendes politisches Immunsystem gegen Autokratien.

14. Jede Weltreligion, soweit sie es nicht schon tut, ist auf die Menschenrechte zu verpflichten (Wer sollte das aber global umsetzen? Sehr schwierig …) und darf keinerlei Einfluss auf den demokratischen Staat haben. Sie steht vielmehr unter seiner Kontrolle. Das wäre vor allem ein Weg, Frauen und Kinder vor religiösem Patriarchat und generell Demokratien vor demokratiefeindlichen religiös motivierten Parallelgesellschaften zu schützen. (Mit einem Blick in die Evangelien wäre es z.B. für die Katholische Kirche ein Leichtes, endlich auch strukturell Menschrechte und Gleichberechtigung umzusetzen, damit sexueller und klerikaler Missbrauch eingedämmt werden. Es gibt genug Ressourcen, Welt anders zu gestalten.)
15. Zudem müssen auch nicht nur religiös legitimierte Konzepte von Patriarchat überdacht werden; das sollte vor allem wissenschaftlich und diskursiv geschehen, z.B. evolutions- oder soziobiologisch, und möglichst ideologiefrei, damit nicht am Ende die gleichen Fehler passieren, nur unter anderen Gendervorzeichen. Und damit so dringend nötige Gerechtigkeit nicht in ihr Gegenteil umschlägt.
16. Wissenschaft muss an den Universitäten gefördert werden – in aller Freiheit, und nicht von ökonomischen oder ideologischen Interessen geleitet. Wissenschaft muss gastfreundlicher werden: noch mehr zu den Menschen hinausgehen, aber diese auch zu sich einladen. Mit meinen Erkenntnissen und Forschungen kann ich mich immer irren, aber nicht im aufrichtigen Gestus der Wahrhaftigkeit, nämlich kritisch und unvoreingenommen immer wieder Wahrheit zu suchen – und nie damit aufzuhören.
17. Wir müssen die jetzige Form des Kapitalismus überdenken, der ganze Gesellschaften ruiniert, den Planeten zerstört und somit Angst und Wut schürt, die sich für populistische Strömungen anfällig erweisen. Es sollte kapitalismusfreie Bereiche geben: Schulen, Krankenhäuser, Universitäten, Altenheime beispielsweise. Das wird kosten, das muss es uns aber wert sein.
18. Im ganzen Bürokratismus und Formalismus, die – eine gefährliche Illusion von Weltbeherrschung und Verantwortungsdele-

gation – das Moment der Freiheit überregulierend vernichten, müsste Epikie (= Einzelfallentscheidung nach Aristoteles) zur demokratische Handlung schlechthin erhoben werden.

19. Menschen sind keine ökonomisierten Quantitäten in Modulform, sondern Qualitäten. Das Folgende klingt jetzt zu generalisierend, aber …: Funktionelle Hierarchien und politisch Eliten sollten immer durch Kompetenz, Qualifikation und Sachkundigkeit bestimmt werden – und nicht so: jemand bekommt einen Titel oder die Hand aufgelegt und dann kann er oder sie alles. Dazu noch zufallsbedingte Anatomie, Nepotismus und Korruption. Dem gegenzusteuern helfen z.B. auch faires Bildungssystem, faire Löhne und fairer Zugang zu Ressourcen.
20. Und ferner das Problem der Messias-Komplexe: Warum fielen und fallen immer wieder Menschen, und zwar massenweise, auf die sog. ‚starken Männer' herein? Was sagt das über Wähler und Wählerinnen aus? Über ihre Ängste, Wünsche, Hoffnungen – und auch über ihre Verblendungen und das Versagen von Demokratien.
21. Raus also aus der trügerischen Alternative „starker Mann hier" – „schwache Demokratie dort". Darum: die Stärken von Demokratie erzählen! Sie in ein Narrativ verwandeln, in das ich meine eigene Bio-Graphie mit einschreiben kann und darf! Eine Diktatur würde mir nicht zuhören, im Gegenteil.
22. Demokratie, als die Staatsform der Differenz und Differenzierbarkeit, bleibt ein risikobehafteter Prozess – das bedeutet eben Freiheit; sie wird also immer ein Scheitern und Gelingen zugleich sein. Darum Drehung der Perspektive: Was für eine Chance, diese phantastische Pluralität, auch für die Zukunft unserer Erde. Und hieraus nun mein abschließender Gedanke. Demokratie muss vor allem schützen, was noch nicht da ist: Zukunft. Wie sie aussehen mag, kann niemand sagen, aber es wird sie geben. Und zwar jeden Augenblick später. Fairness (oder als platonisches Grundmotiv: Gerechtigkeit) kennt keine räumlichen oder zeitlichen oder gesellschaftlichen Einschränkungen. Und darum muss Demokratie vor allem jene schützen,

die nicht mehr ‚können', und vor allem jene, die noch nicht ‚können', die aber unser aller Zukunft sein werden: Kinder und Jugendliche. Das wäre meine persönliche „Metaphysik" für eine Demokratie. Sie ist ein Humanum, eine Freundschaft nicht nur nach Innen, sondern auch über Generationen und Nationalstaatsgrenzen hinweg. Sie ist gastfreundlich: indem sie einlädt, und nicht zwingt oder bevormundet; sie überzeugt und lässt die Freiheit der Wahl. Sie ist ein nie abschließbarer Weg, und zwar durch die Zeiten hindurch, in die Vergangenheit und Zukunft. Als Memoria und Utopia.

„Oppenheimer“ (2023) von Christopher Nolan – Thesen und Zitate

„Batter my heart, three-personed God […]“[1]

„ la la

To Carthage then I came

Burning burning burning burning
O Lord Thou pluckest me out
O Lord Thou pluckest

burning“[2]

Oppenheimer „[…] loved the poetry of John Donne and read the *Bhagavad Gita* in original Sanskrit. He was an aesthete who cultivated ambiguities in his own life. A Renaissance man, he brought together poetry and science. He was both brillant and naive, insightful and terribly vulnerable.“[3]

Dieser Film ist groß, schwer, hart, ein sensorisches, synästhetisches Meisterwerk nicht nur über Oppenheimer, sondern über uns und unsere unfassbaren Möglichkeiten und Unfähigkeiten, damit verantwortlich umzugehen. Dieser Film ein sperriges Kunstwerk … hinterlässt viel Unwohlsein, gut so. Einstein vielleicht der einzige Sympathieträger. Darum hier nur wenige Gedankensplitter, im Vordergrund stehen Zitate.

1) Anfang des 20. Jahrhunderts scheint die Physik eine Zeit der

---

1 J. Donne: Alchimie der Liebe. Gedichte, zweisprachig, übers. v. W. v. Koppenfels, Zürich 2004, 130.

2 Aus T. S. Eliot: The Waste Land, in: Ders.: Gesammelte Gedichte, engl./dt., hg. v. E. Hesse, Frankfurt am Main 1988, 104.

3 K. Bird: Introduction, in: Oppenheimer, screenplay by C. Nolan, Faber Limited 2023, hier vii.

Wunder und der Genies. Wer tritt nicht alles in diesem Film auf? Einstein, Heisenberg, Bohr usw. Provokant formuliert: unsere Steinzeitweltbilder bis dato weichen einem anderen (Nicht)Verstehen von Kosmos und Atomen. Beispielsweise: „Schwarzschilds Theorie des Horizonts wurde zunächst als mathematische Kuriosität angesehen […]. 1939 schlugen J. Robert Oppenheimer und Hartland Snyder dann vor, daß bei der Implosion eines sterbenden Sterns tatsächlich ein Schwarzes Loch entstehen könnte. Ihre Vermutung erweckte erstaunlich wenig Interesse."[4] Im Film wird klar, warum: Hitler betritt die Bühne. Und dann der Zweite Weltkrieg mit einer nie dagewesenen Barbarei. Deshalb meine grundsätzliche Frage: Wie können Wissenschaftler solchen Politikern, von denen viele Massenmörder sind und waren, solche Waffen zur Verfügung stellen? Oder statt Politikern sagen wir: solchen Gesellschaften? Natürlich verfügen militärisch-wirtschaftliche Komplexe über die entsprechenden Ressourcen. Heinar Kipphardts *Oppenheimer*: „Wenn ich denke, daß […] unsere Laboratorien von den militärischen Instanzen bezahlt und wie Kriegsobjekte bewacht werden, wenn ich denke, was im gleichen Fall aus den Ideen des Kopernikus oder den Entdeckungen Newtons geworden wäre, dann frage ich mich, ob wir den Geist der Wissenschaft nicht wirklich verraten haben, als wir unsere Forschungsarbeiten den Militärs überließen, ohne an die Folgen zu denken. So finden wir uns in einer Welt, in der die Menschen die Entdeckungen der Gelehrten mit Schrecken studieren, und neue Entdeckungen rufen neue Todesängste bei ihnen hervor."[5]

2) Die materiellen Dimensionen des Manhattan-Projektes ließen ahnen, was kommen würde: General Groves, der Verantwortliche, sollte „[…] an über 30 Standorten in den USA, Kanada

---

[4] M. Begelman – M. Rees: Schwarze Löcher im Kosmos. Die magische Anziehungskraft der Gravitation, übers. v. M. Röser, Heidelberg – Berlin – Oxford 1997, 10.

[5] H. Kipphardt: In der Sache J. Robert Oppenheimer. Schauspiel – Text und Kommentar, 6. Aufl., Frankfurt am Main 2020, 139.

und Großbritannien gewaltige Atomanlagen errichten lassen, in denen mehr als 125000 Menschen an der schrecklichsten Waffe arbeiten, die jemals von Menschen ersonnen wurde. In Rekordzeit baut er eine völlig neue Industriestruktur auf, die in ihren Dimensionen an die amerikanische Automobilbranche herankommt."[6]

3) Nolans *Oppenheimer* hat Visionen: Andeutungen einer kosmischen Mystik? „SPARKS explode in WAVES, WAVES of FIRE CRASHING on a SHORE of GLASS, FLYING OVER the MEDIEVAL SPIRES of Gottingen, I watch BORN and BOHR and DIRAC, GALAXIES of PARTICLES DISPERSE and REFORM, a CUBIST PAINTING transfixes the Young Me, an ORCHESTRA plays STRAVINSKY, I read THE WASTE LAND […]"[7]. Nagasaki und Hiroshima werden nicht gezeigt. Aber sie sind präsent: in den Opferzahlen oder in inneren Bildern, die sich in eine vermeintliche Realität hineinzwängen – beispielsweise: Als Oppenheimer nach dem Trinity-Test in einem Auditorium gefeiert wird, überflutet das Licht einer zündenden Bombe den Raum, so aus *seiner* Sicht, und er läuft an einem verkohlten Körper vorbei.[8] Die jubelnde Allmacht der USA schlägt um in eine globale Gefährdung aller Menschen. Der moderne Prometheus sieht es, wie er auch ein atomares Feuer um die Erde wandern sieht. „1946 wurde er in einer Anhörung des Senats gefragt, ob es möglich sei, dass ‚drei oder vier Männer Teile einer [Atom-]Bombe nach New York schmuggeln und die Stadt in die Luft jagen können.' Seine Antwort: ‚Natürlich geht das, solche Leute könnten ganz New York zerstören.' Ein entsetzter Senator fragte nach: ‚Welches Instrument würden Sie einsetzen, um eine irgendwo in der Stadt versteckte Atombombe zu entdecken?' Mit der für ihn typischen, bitteren Ironie antwortete Oppenheimer: ‚Einen Schraubenzieher' – mit dem man alle Kofferschlösser öffnen

[6] K. von Hammerstein, in: Die Bombe. Das Zeitalter der nuklearen Bedrohung, Der Spiegel – Geschichte 4/2015, 14.

[7] Oppenheimer, screenplay by C. Nolan, Faber Limited 2023, 14 f.

[8] Vgl. dazu Oppenheimer, screenplay by C. Nolan, Faber Limited 2023, 159.

müsse. Für Oppenheimer gab es nur einen Schutz vor Atomwaffen: sie abzuschaffen.“[9]

4) Oppenheimer ist belesen: T. S. Eliots „The Waste Land“. „Das Kapital“ im Original. Und Sanskrit: „‘Sage mir, wer bist du, schreckliche Gestalt?‘ […] Der Herr sprach: ‚Ich bin die herangereifte Zeit, die Ursache der Weltvernichtung. So erscheine ich hier, um die Welten zu zerstören.‘“[10] Warum genau dieses Zitat? „Viel später, in einer NBC-Fernsehdokumentation von 1965, sagte Oppenheimer, beim Anblick der unirdischen pilzförmigen Wolke, die über Ground Zero über den Himmel stieg, seien ihm Verse aus der Bhagavad Gita in den Sinn gekommen: ‚Wir wussten, dass die Welt nicht mehr dieselbe sein würde. Manche lachten, manche weinten. Die meisten schwiegen. […] > Nun bin ich der Tod geworden, der alles raubt, Erschütterer der Welten.< Ich nehme an, wir alle dachten irgendetwas in der Art.‘“[11] Mahatma Gandhi (1946): „Es haben katastrophale Veränderungen in der Welt stattgefunden. Halte ich noch immer an meinem Glauben an Wahrheit und Gewaltfreiheit fest? Hat nicht die Atombombe diesen Glauben in die Luft gesprengt? – Sie hat das nicht nur nicht getan, sondern sie hat mir eindeutig bewiesen, dass die Zwillinge Wahrheit und Gewaltfreiheit die mächtigste Kraft auf der Welt bilden. Gegen diese Kraft richtet die Bombe nichts aus.“[12]

5) Quasi dokumentarische Szenen zeigt der Film in Schwarz-Weiß. Da ist die intrigante, farblose, allzu eitle Politik mit ihren gespenstischen Machtmechanismen. Die Oppenheimer alles entziehen kann. „Das demütigende Verfahren, dem Oppenheimer 1953/54 unterzogen wurde, war – auf dem Höhepunkt der McCarthy-Ära – kein Einzelfall. Einzigartig aber war der

---

[9] K. Bird – M. J. Sherwin: J. Robert Oppenheimer. Die Biographie, übers. v. K. Binder – B. Leineweber, 3. Aufl., Berlin 2014, 303. (Original: *American Prometheus. The Triumph and Tragedy of J. Robert Oppenheimer* 2005), 15.

[10] Bhagavad Gītā. Der Gesang des Erhabenen, übers. u. hg. v. M. von Brück, Frankfurt am Main – Leipzig 2007, 80 f. (XI).

[11] Bird – Sherwin: Oppenheimer (s. Anm. 9), 303.

[12] Mahatma Gandhi: Gewaltfreiheit. Auszüge aus Reden und Schriften, hg. v. Gita Dharampal-Frick, Stuttgart 2014, 78.

Mann, über den gerichtet wurde: Amerikas Prometheus, der Vater der Atombombe, der seinem Land in Kriegszeiten das Feuer der Sonne handhabbar gemacht hatte."[13] Als aus Los Alamos zwei Lastwagen mit den Bomben für Japan abfahren, schien mir Oppenheimer gerade auf dem Höhepunkt seines größten Triumphes alles zu verlieren, vor allem die Kontrolle. Weil er spüre, Blut an den Händen zu haben, wird ihn später Präsident Truman als *crybaby* bezeichnen. Der kosmische Oppenheimer in ein kleines Zimmer gesperrt: für einige Momente sitzt er da nackt mit seiner Geliebten auf dem Schoß. Der amerikanische Prometheus wird nicht von Zeus, dem Allmächtigen, sondern von erbärmlichen Menschen bestraft … weil er ihnen nicht noch mehr ‚Feuer' geben will.

Hesiod erzählt den Prometheus-Mythos in umgekehrter Reihenfolge: zuerst seine Bestrafung durch Zeus und die Befreiung durch Herakles, dann die trickreichen Taten, z.B. den Diebstahl des Feuers: „Zeus band auch den listigen Planer Prometheus mit unlösbaren, schmerzenden Fesseln, durch deren Mitte er einen Pfahl trieb. Auch sandte er ihm einen Adler mit mächtigen Schwingen; der fraß die unsterbliche Leber, die in der Nacht ganz so nachwuchs, […] wie sie der mächtig geflügelte Vogel den Tag über abfraß."[14] Nolans Film verweist am Anfang – auf dem apokalyptischen Hintergrund einer atomaren Feuerwalze – auf den Prometheus-Mythos. Wer ist *Zeus* für Oppenheimer? Sein Gewissen? Seine allzu späte Einsicht, dass jede Waffe, die gebaut worden sei, auch eingesetzt werde? Das Paradox der Schuldig-Unschuldigen: „Mutig versuchte Oppenheimer, uns von dieser ‚Bombenkultur' abzubringen, er wollte die atomare Bedrohung eindämmen, an deren Entstehen er entscheidend mitgewirkt hatte."[15]

6) Fast schon ein ästhetisches Meta-Verfahren in diesem Film: das Sehen bzw. Zeigen. Ich sah oft Leinwand füllende Gesich-

[13] Bird – Sherwin: Oppenheimer (s. Anm. 9), 13.

[14] Hesiod: Theogonie. Gr./Dt., übers. u. hg. v. Otto Schönberger, Stuttgart 2011, 43.

[15] Bird – Sherwin: Oppenheimer (s. Anm. 9), 14 f.

ter, doch durch die Nähe aber wirkten sie umso ferner. Nolan hatte auch folgendes Problem: „Ich habe das Institute for Advanced Study in Princeton besucht, wo Oppenheimer Direktor war, und traf den heutigen Direktor Robert Dijkgraaf. Er sagte mir: Einer der schwierigen Schritte von der klassischen Physik zur Quantenphysik war damals, dass Wissenschaftler das Atom nicht mehr visualisieren konnten. […] Wir können dem Publikum eine Serie von Bildern zeigen, die ein anderes Leben annehmen, die im Kopf der Zuschauenden mehrdimensional auf verschiedenste Art werden. Ein gewisser experimenteller Ansatz war erforderlich, was Kamera und Schnitt anging. Es endete bei der Idee von Frequenz und Vibration […].“[16] Und zum Wechsel von Schwarz-Weiß und Farbe: „[… B]ei ‚Oppenheimer‘ geht es um die Unterscheidung zwischen Oppenheimers subjektiver Geschichte, die ich im Drehbuch in der ersten Person geschrieben habe und welche die Ereignisse ausschließlich aus seinem Blickwinkel zeigt, und der Erfahrung anderer Personen […]. Dieser Wechsel soll, ohne dass es dem Publikum allzu bewusst wird, zeigen, welche Version von Oppenheimer man gerade zu sehen bekommt.“[17] Deswegen scheint es nur konsequent, von Nolans oder Kipphardts ‚Oppenheimer‘ zu sprechen – wie auch von Oppenheimers „Oppie“. Ein Beispiel für diese Ich-Perspektive aus dem Screenplay – der Physiker, zusammen mit der Geliebten: „She points to each word as I translate … OPPENHEIMER ‚And now I became Death … She nods, impressed, starts moving again … OPPENHEIMER … destroyer of worlds.‘“[18]

7) Die genauen Hintergründe und Kontexte kann ich nicht beurteilen (*fake news*?), aber ich lese bei *Wiki* unter *Zensuren* (!) dieses Films: ein Journalist werte die Liebesszene – der Physiker mit seiner Geliebten, aus der Bhagavad Gita vorlesend – als einen „‘direkten Angriff auf den Glauben von Milli-

[16] C. Nolan, in: Cinema 8/23 (Der Mann, der Gott sein wollte; Text u. Interview: O. Noelle), 66 f. Nolan verweist hier auch auf Sergej Eisenstein.

[17] C. Nolan, in: Cinema 8/23, 67.

[18] Oppenheimer, screenplay by C. Nolan, Faber Limited 2023, 34.

arden toleranter Hindus‘“[19]. Also, ich würde mir nie anmaßen, zu behaupten, was Milliarden (!) Hindus denken und fühlen, zumal sie als *tolerant* beschrieben werden. Übrigens, die Bhagavad Gita ist auch (nicht nur) ein Text zur Legitimation eines fürchterlichen Krieges – ein grundsätzlicher Diskurs, in den auch Oppenheimer verstrickt sein wird. Und: Für mich persönlich sind die Bombe und das Kastensystem Angriffe auf die Menschlichkeit. Ein Film ist nur ein Film ist nur ein Film. Und in der indischen Literatur gibt es ja überhaupt keine Texte, die mit Sexualität zu tun haben, nein, niemals … Schon mal etwas von *eros* und *thanatos* gehört? Oppenheimer und seine Geliebte: der nackte Adam und die nackte Eva im Paradies, aus dem sie sich selbst vertreiben. Die eine durch Selbstmord, der andere durch Massenmord.

8) Was waren die Gründe für den Bau dieser Bombe? Die Angst, dass Nazi-Deutschland früher eine solche bauen könnte? Doch Deutschland war schließlich besiegt, also wozu noch? Wegen Japan? Um eine Hegemonie zu etablieren? Oppenheimer und seine Kollegen mussten mit der Sorge ringen, die Kettenreaktion dieser Atombombe höre nicht mehr auf und würde so die Welt zerstören. Am Ende des Films Oppenheimer und Einstein:

„OPPENHEIMER
We were worried that we’d started a chain reaction that would destroy the entire world …
EINSTEIN
I remember it well. What of it?

OPPENHEIMER
I believe we did.“[20]

[19] https://de.wikipedia.org/wiki/Oppenheimer_(2023)m, Zugriff am 3.8.23.

[20] Oppenheimer, screenplay by C. Nolan, Faber Limited 2023, 220.

9) Die Physik Anfang des 20. Jahrhunderts durchlief nie dagewesene Revolutionen und traf bisweilen auf eine Politik mit nie dagewesener Barbarei. Und von ungebrochener Aktualität: „Unter Menschen ist das Talent zum Sozialen, das der Idealist das Humane nennt, immer noch so schwach, das Asoziale noch so stark, dass die Täter nichts dazulernen können und alle, die auf die Seite der Täter gehören. Nur die Opfer, soweit sie noch das bloße Leben haben, und die, die auf der Seite der Opfer sind, die können weder Auschwitz vergessen noch so weiterleben, als hätte Auschwitz nie stattgefunden. Für uns aber wird Auschwitz keine Folgen haben. Was jetzt dem primitiven Politiker sein Antikommunismus oder seine Atombombe oder die Todesstrafe, das ist dem Feingeist sein subtiles Verhältnis zur Grausamkeit. Unser Asoziales hat weiterhin seine groben und feinen Funktionäre; wie geheim es sich auch momentan gibt, es kann mobilisiert werden.“[21] Auch Oppenheimer warnte: „Unser eigenes politisches Leben beruht auf der Voraussetzung der Offenheit. Nach unserer Überzeugung ist kein menschliches Kollektiv so unfehlbar oder so allwissend, daß seine Tätigkeit nicht steter Nachprüfung oder Kritik ausgesetzt zu sein brauchte. Wir wissen, daß der einzige Weg zur Vermeidung des Irrtums seine Aufdeckung, der einzige Weg zu seiner Aufdeckung Freiheit des Forschens ist. Wir wissen, daß jede Art der Geheimhaltung Korruption zur Folge hat.“[22] Der Oppenheimer Biograph Kai Bird merkt zum Thema Öffentlichkeit und Wissenschaft an: „In 1954, America's most celebrated scientist was falsely accused and publicly humiliated, sending a warning to all scientists not to engage in the political arena as public intellectuals. This was the real tragedy of Oppenheimer. What happened to him damaged our ability as a society to debate honestly about scientific theo-

[21] M. Walser: Unser Auschwitz, in: Ders.: Ewig aktuell. Aus gegebenem Anlass, hg. v. T. Chabbi, Hamburg 2017, 45-61, hier 60 f.

[22] J. Robert Oppenheimer: Atomkraft und menschliche Freiheit, hg. v. E. Grassi, Hamburg 1957, 74.

ry – the very foundation of our modern world.“[23] Ein ähnliches Schicksal droht nun der Kunst, obwohl ihre Freiheit vom Grundgesetz (Art. 5) garantiert, durch das selbstdestruktive Absurd-Werden der sog. *cancel culture*.[24] *Oh, bei Nolans Film fühlte ich mich unwohl, setzen wir ihn ab, dann gibt es auch keine Atombomben mehr ...*

[23] Bird: Introduction (s. Anm. 3), hier X.

[24] Dazu ein Beispiel: https://www.welt.de/kultur/video246521522/Skulptur-an-Uni-entfernt-Kaderschmiede-der-Intoleranz-Etwas-anderes-faellt-mir-nicht-ein.html

Epilog – frei nach Goethe

„Hat der alte Hexenmeister … **Gott?**

Sich doch einmal wegbegeben! … **Säkularisierung?**

Und nun sollen seine Geister … **Atome?**

Auch nach meinem Willen leben. **… sagt Oppenheimer?**

Seine Worte und Werke **… Relativitätstheorie und Quantenphysik?**

Merkt' ich, und den Brauch **… Uran usw.**

Und mit Geistesstärke **… Genie?**

Tu' ich Wunder auch."[1] **… Atombombe?**

Doch im Gegensatz zum Gedicht tritt kein rettender Meister auf. Und so wurden die Geister, die Oppenheimer rief, nicht zurückgerufen, sondern vervielfältigen, vervielfältigen, vervielfältigen sich im atomaren Wettrüsten.

Ich möchte mich besonders bei Frau Prof. Elin Fredsted
und Frau Dr. Beate Fränzle
für ihre Korrekturen und Anmerkungen bedanken!

1 Text nach J. W. Goethe: Der Zauberlehrling, in: Ders.: Gedichte 1756-1799, hg. v. K. Eibl, Berlin 2010, 683.

Zum Weiterlesen

Markus Pohlmeyer: Kierkegaard: Naturalismus oder Gott in Manh(a) attan, in: http://culturmag.de/crimemag/essay-markus-pohlmeyer-kierkegaard-und-die-atombombe/97288, Zugriff am 15.12.2016

Markus Pohlmeyer: Das Ende der Welt. Zur Serie „CHERNOBYL“ (2019). Eine Elegie, in: http://culturmag.de/crimemag/markus-pohlmeyer-zur-serie-chernobyl/122091, Zugriff am 1.12.19.

Versuch einer Poetologie

Auf dem Rückweg …
… von einer Klinik in Lübeck: Zugausfälle.
Nimm irgendetwas Richtung Hamburg. Dort
Übervolle Gleise und Bahnsteige. Schieben,
Drängeln, Fluchen, Suchen, Dröhnen, Stöhnen,
Kreischen, Laut-Sprechergetöne.
Ein ICE stoppt direkt neben mir: Menschenmassen
Und Koffer quellen hervor. *Überflutung*.
Beim RE fehlt dann die Hälfte der
Wagen. *Die Flut umringt dich.*
In Flensburg angekommen, steht kein
Taxi am Bahnhof. *Ist ein bisschen blöd,*
So mit Gepäck und Schwerbehinderung.
Verkünde mir: Wen soll ich eigentlich anschreien?
Im Lärm wie in der Leere hörte mich niemand.
(*Siehe dazu auch Rilke*)

Summen Sie folgende Strophe auf irgendeinem Ton, zuerst leise, dann laut oder umgekehrt. Bitte Längen und Kürzen beachten. Vielleicht haben Sie ein Musikinstrument zur Begleitung? Versuchen Sie dann, diese Strophe mit Worten auszufüllen: flüsternd, schreiend ...

Lang kurz lang lang lang PAUSE kurz kurz lang kurz (und zum Schluss einmal) lang-oder-kurz
Lang kurz lang lang lang PAUSE kurz kurz lang kurz (und zum Schluss einmal) lang-oder-kurz
Lang kurz lang lang lang PAUSE kurz kurz lang kurz (und zum Schluss einmal) lang-oder-kurz
Lang kurz kurz lang (und zum Schluss einmal) lang-oder-kurz

Unglaublich, wie laut eine Amsel
Über die abendlichen Dächer flötet,
Wie schweigend diese riesige Sonne,

Unfasslicher Feuersturm, durch Gravitation
Gebändigt, uns eine romantische
Stimmung zwischen Schatten und Bäumen
Und Gesprächen schenkt. Wie Schwarze Löcher
Licht, Sterne und Galaxien zermalmen – und keiner
Kann's hören. Wie auch? Wo denn?
Und wie der Zaunkönig sich lautstark
Bemerkbar macht: diese Hecke gehöre ihm.
Leise kommt der Abend, steht unscheinbar
Und höflich neben dir. Wir grüßen uns:
Es gibt viel zu erzählen. Auch ohne Geplärre,
Gedichte und das übliche Gelaber.

Der mächtige, dunkle Wald ragt gen Himmel.
Dies Meer von Grün scheint nach oben zu fließen,
Unten vor den Wiesen macht es halt.
Nur der Wald und weiter, unendlicher Himmel – sonst nichts.
Von einem Hügel gegenüber schaue ich in das kleine
Tal mit dem kleinen Dorf an einem Flüßlein.
Wie eine Galaxie eingewickelt in ein riesiges
Tuch aus dunkler Materie. Doch das ist mir
Unvorstellbar, nur Metaphern,
So wie mir immer schien, dass es nie eine Welt hinter
Diesen Wäldern geben könnte. Doch es gab sie: in den
Geschichtsbüchern.
Da waren die Welt der Römer und Deutschlands:
Krieg und Völkermord. Woanders wird der Regenwald
Verkauft. Atomwaffen. Unterhalb des Hügels ein Friedhof, und unter
Dem alten,
Verwitterten Kreuz wohnen jetzt Verwandte. Manchmal schaut
Der Mond spät über den Querbalken: gefiederte Rast für einen müden
Sänger.
Die Landschaft steht auf in meiner Erinnerung. Besser – diese
Landschaft ist nur
In meiner Erinnerung. Und dort wird die Unendlichkeit nicht

Bedrohlich, dort gibt es keine Massenmörder, Vergewaltiger, Söldner, Ideologen, Fanatiker, Fundamentalisten und Barbaren,
Es war jetzt ein schöner Herbstnachmittag, Bläue und Kühle lagen im Wind, und meine Großmutter saß
Auf der verwitterten Bank, während ich hohe Blätter auflese
Von feuer-goldenen Bäumen, die
Den alten Friedhof wie ein Ring einfassen, kreisend, mit ihren Schatten zu behüten,
Und Zeit und Ewigkeit küssen sich für einen Augenblick …, als wäre
Das wunderschöne Mädchen aus der Ferne hier …
Blätter, die, verwandelt, ich zu Versen und Büchern binde.

Die Zugfahrt war wieder ätzend,
Doch dann schenkte mir eine junge Frau ihr Lächeln,
Oh ihr Götter … zum Niederknien,
Gnade zu erfleh'n … oder zum Verzweifeln:
War es für mich? …
[Pause.]
Egal. … davon
Könnt' ich noch Monate leben,
Darum tu ich das,
Was ich als Dichter am besten kann:
Aus Dankbarkeit schweigen.

Im Bus wartend,
Sah ich
Zwei Frauen
Sich gegenüber stehen
Die Hände haltend
Zärtlich
Streichelt auf einmal die eine
So lieb und lächelnd
Der anderen sanft durch's Haar
Wie ein stiller Wind
Wie die Metapher eines Kusses

In dem Geplapper und Gehetze,
Das um sie herum tost. Mein Bus fuhr
Weiter. Die Wellen und Wogen
Machten um die beiden einen Bogen,
Sie stehen fest, weil eine die
Andere erhält.
Gefangen hinter dem jetzt anfahrenden Glas
Klammere ich mich an die Erinnerung,
Die mir unsichtbar gegenüber steht.

Wenn ich geh ins „Wüste Land“
War doch immer nimmer dort und fort
Doch sei getrost: ist nur ein Gedicht.
Gesicht, dein Gesicht,
Bild an der verschwundenen Wand.

Vielleicht schnitzt jemand
Aus meinen Knochen eine Flöte?

Ich stehe jenseits der Zeit,
Gehe sie hinauf, hinab.
Trete ich wieder in sie ein,
Dann sterbe ich weiter.

Ich kann nur durch die Zeit
Schreiben, eine Flaschenpost dir
Schreiben, die einen Gravitationsschacht
Hinaufkriecht. Vielleicht
Dich erreichen mag, wenn ich schon tot.

Ich bin verwesendes Papier,
Zerbrochenes Pangäa,
Dass jemand wieder zusammensetzt.
Oder auch nicht.

Meine Knochen zerfallen,
Selbst das All zerfällt.

Warum ist ein Klang, einmal in der Welt,
Einmal gehört, und doch, obwohl vergangen, ewig?

Noch verdecken
Späte Wolken
Frühe Sterne Kühe
Trotzen schwarzer Regenmauer
Diese Vierbeiner
Mit konsequentem Blick
Nach unten
Weiden unbeeindruckt weiter.
Ein halber Regenbogen
Hängt über einer kaputten Straße
Früher drohte das Angelus-Läuten
Mit dem Jüngsten Gericht
Heute die Nachrichten und
Benzin-Preise. 24 Stunden
Mal 7 – es gibt keinen
Sonntag mehr – haben die
Alten und neuen Toten ihre
Zelte und Baracken aufgeschlagen.
Das alles aber war, bevor:
Noch verdecken
Späte Wolken
Frühe Sterne

ja, ich falle in ein schwarzes loch,
du stehst daneben und sagst,
ich wäre nur stillstand,
dagegen stürze ich,
falle, doch du
siehst das nicht, siehst

nicht, wie ich mich vor dir,
von dir,
fort bewege. vielleicht –
viele jahre später verstehst du es ja,
aber dann ist es zu spät
welches neue Land würd‘ ich betreten?
Hätt’ ich den Sturz überlebt.
Es wäre eines dir unerreichbar.

Der Herbst ist grundsätzlich.
Lerne den Abschied.
Der Herbst ist verschwenderisch:
Wenn er die Wälder überhäuft
Mit dem bunten Gesang der Sirenen,
Dann schließst du vor Furcht die
Augen und siehst deine Zukunft.
Oder die Nacht.
Doch bist du stark und hältst
Dich an Tradition und Religion
Fest, fest angebunden,
Dann schaut Schönheit in dein
Angesicht: wohin willst du
Noch fliehen? Was sind dann
Noch die verbleibenden Jahre?
Ein ewiger Herbst, ein ewiges
Sterben-im-Leben? Und was dann
Der Tod? Ein Meer ohne Heimkehr?
Anders gewendet: immer Aufbruch?
Der Herbst ist demütig. Die Sonne
Wandert tief, geht in die Ebbe,
Vom Dach tropft noch
Nächtlicher Regen, Grün wird
Kontrapunkt zu den flutenden Farben. Flächen
Lösen sich auf, zerfetzen später den Himmel,
Der noch blau ist und klar und weit

Und still und hell und …
Du kannst dem allen entgehen:
Sei auf deinem verbleibenden Auge
Auch blind.

Atem
Melancholie
Einsamsein
Niederknien
Sterben
Stern Weh
Atmend sterbend
Sternend wehend
Amen

Gott fehlt.
Gotte fehlt mir.
Darum machte ich mich auf, sie zu suchen.
Ich verließ meine Stadt.
Ihn werde ich finden, sie werde ich
Gefunden haben, nachdem es
Mich erfunden hatte.
Wie voll ist diese Leere,
Wie leer diese volle Welt.
(Eine bedeutungslose
Rhetorische Spielerei …)
Was ich dort sah, hilf mir
Tochter der Erinnerung, Muse,
Hier zu künden. Gedanken?
Wie Flüsse, wirbelnde Ströme,
Aufgewühlte Meere, mal heiter,
Mal Ruinen, nur meine Gedichte
Sind wirklich. Nur meine Gedichte
Machen MICH wirklich. Bin ich
Dankbar? Verbittert? Glücklich?

Einsam? Muse, schenke mir den Vers
Als wahres Bild all dessen.
Oder lügst du mich wieder an?
Dann, sehe, ich, was, fehlt.
Muss das Bild lassen,
Um es zu fassen. Oder sie oder ihn.

Wenn du, nur du allein,
Ein Wunder unter Tausenden,
Den, der mich in Traurigkeit hüllt, zer diesen reißest Schleier,
Er, nur noch ein Hauch, mit deinem Lächeln wegküssend,
Küssend tröste mich, nur mich allein,
Dein unter Tausenden.

Gestern war ich der Gejagte, und heute bin ich der gefürchtete
Jäger: ich schleiche mich still und so leise, so lautlos,
Fast unsichtbar
An meine Beute heran
… „Was möchten Sie?“
„Bitte vier Mohnbrötchen … und … Butterkuchen, zwei Stück!“ …
Dann stolziere ich mit meinem Schatz davon.

Atme
Melancholie
Dein
Einsamsein
Niederknien
Sterben
Stern Weh
Wehen
Wehend

Gedichte?
Eine Nabelschnur
Zum Kosmos